# MUJERES QUE SE ATREVEN
## Y SUPERAN LÍMITES

### HISTORIAS DE INSPIRACIÓN
#### EN TIEMPOS DIFÍCILES

**ALBA LETYCIA, DEYANIRA MARTÍNEZ & 24 COAUTORAS**

Nombre del libro: Mujeres que se atreven y superan límites 3

Autor: Alba Letycia, Deyanira Martínez

Diseño de portada: Rodrigo Pedroza/Comunicación Global Design

Edición: Issa Alvarado, Diana A. Pérez/Comunicación Global Design

Coedición gráfica: Aziyadé Uriarte/Comunicación Global Design

© Del texto, 2023, (Alba Letycia, Deyanira Martínez)

Primera edición: (febrero 2023)

© Reservados todos los derechos.

Queda rigurosamente prohibida, sin autorización del autor ©, bajo las sanciones establecidas por la ley, la reproducción total o parcial de esta obra por cualquier medio o procedimiento, comprendido la reprografía, el tratamiento informático, así como la distribución de ejemplares de la misma mediante alquiler o préstamo públicos. El autor es totalmente responsable por la información en texto e imágenes del contenido de esta obra.

Reg: En trámite
ISBN: 9798387965302

www.comunicaciongd.com

# Agradecimientos

¡Mujer! No importa de qué país eres o qué estatus social tienes, mamá o ejecutiva; empresaria o ama de casa. ¡No!, Recuerda que una de las claves entre mujeres es la unión honesta con otras mujeres, la lealtad y el trabajo en equipo. Unidas podemos lograr lo imposible, todas necesitamos de todas, de esa fortaleza y esa fe que distingue por naturaleza a una mujer; así que cuando tengas la oportunidad de ayudar a otra mujer, hazlo con amor.

*Mujeres que se Atreven y Superan Límites*, Historias de inspiración en tiempos difíciles.

Gracias a todas las mujeres que han dicho sí a este proyecto, por su confianza, su paciencia y sus ganas de seguir adelante preparándose cada día para hacer crecer su entorno familiar y de vida.

Gracias a cada una de ustedes por atreverse a contar su historia, estamos muy orgullosas y honradas de ser parte de la serie de libros de *Mujeres que se atreven y superan límites*.

Gracias a las grandes mujeres con increíble trayectoria que nos han hecho el prólogo para cada libro; es un honor contar con sus palabras y sentires.

Gracias a todas las críticas sobre estas obras literarias tan llenas de resiliencia.

Gracias a todos los editores, diseñadores y a Comunicación Global Design por todo su apoyo para lograr este libro de forma profesional.

Gracias a cada persona que ha sido parte de cualquier proyecto literario, virtual o presencial de *Mujeres que se atreven y superan límites*. Gracias por todo su apoyo constante en los lanzamientos presenciales.

Gracias a todas las instituciones de educación, empresas y las personas que han creído en este proyecto y nos han apoyado para que sea una realidad.

Gracias a cada una de ustedes, lectoras, por seguirnos en nuestras redes sociales y en los eventos en los que estamos cada una de nosotras, gracias por leernos y permitir dejar un granito de arena en su vida, ustedes son la esencia más importante de este proyecto.

**Gracias**

**Alba y Deya**

# Índice

**Prólogo.** 13

**Prefacio.** 20

**Madrina Volumen III.** 22
Adriana Devers

**Cajita de cristal.** 28
Ana Saavedra

**Estás a una decisión de una vida diferente.** 38
Angely Baez

**Que nadie te impida cumplir tus sueños.** 50
Beatriz Aguilar

**La mujer del don de Midas.** 61
Bet Santamaría

**Con los tacones puestos.** 73
Birmania Ríos

**El poder del enfoque.** 82
Carmen González

**Marejada feliz.** 93
Carolina Pérez Mastrapa

*Nunca pares de servir.* 106

Evis de la Rosa

*Semilla en crecimiento.* 119

Griselda Suárez Bárcenas

*Alíneate con tu propósito a cualquier edad.* 130

Jahy Pimentel

*Oportunidades que transforman vidas.* 142

Jannerys Ortiz Cardona

*Mujer que supera límites.* 156

Juana Damaris José Cáceres

*Nací para amar.* 168

Juliana Estrada

*Historia no es destino.* 179

Liliana Beverido

*Más fuerte la tormenta, más grande será el arcoíris.* 189

Lizbeth Carrillo

*Magia... es lo que sale de ti cuando entiendes el mensaje.* 200

Luisa Fernanda Roman

**Ser como puente.** 211

Marialy Gonzalez

**Sin sacrificio, no hay victoria... todo logro tiene una historia de superación y resiliencia.** 222

Maribel Santos Pérez

**Nunca es tarde.** 235

Mina Ibáñez

**Nuevos comienzos.** 245

Mónica Ayala

**De niña de Gualaceo, Ecuador, a empresaria en Patchogue, NY.** 258

Sandra M. Orellana-Cárdenas

**¡Más intuición, menos planificación!** 267

Tere Carillo

**La música es vida.** 279

Tina Enríquez

**Entre la noche y el día: el amor.** 290

Yelena Rodríguez Trujillo

## PRÓLOGO

Desde muy pequeña, he sido una fiel y apasionada admiradora del celuloide y del teatro. Empecé a amar el mundo de la pantalla grande, especialmente por mi padre, que era amante de las películas y, por supuesto, de la pantalla chica también; cuando en el año en que nací llegó la televisión a mi país, hizo fascinantes los días y las noches, disfrutaba especialmente de los largometrajes musicales hollywoodenses. Lo que más me gustaba era el adentrarme en las historias, su desarrollo y conclusión, que nos cultivaban siempre la imaginación y el pensamiento crítico, anticipándonos a los finales. Me gustaban las películas que nos hacían pensar y razonar rápidamente, hasta que me di cuenta de que las que más me gustaban eran las históricas y las tramas inspiradas en vidas y hechos reales de los protagonistas, en ese momento, fue cuando empecé a amar más el cine y el teatro, con sus producciones hechas a la medida de los amantes del séptimo arte y del octavo arte, como le llamo al teatro.

Claro, esas historias vienen de la eterna fuente de inspiración que nos proporciona la realidad de cada relato individual, de la vida de cada ser humano. Y eso es lo que contiene este libro maravilloso de memorias de *Mujeres que se atreven y superan límites*, con la emoción de contar su propia crónica para conquistar, aconsejar y ayudar a otras personas que, al leerlas, sepan que han dejado su legado, «una lección de vida, trabajo y lucha» que nos puede hacer cambiar la perspectiva que muchos tenemos de lo que esperamos de la existencia. Estas historias, contadas desde lo más profundo de cada corazón de cada escritora, nos invitan a volar y a buscar con ellas nuestras propias repuestas a nuestras situaciones, cómo mejorarlas y superarlas.

De manera muy peculiar, cada uno de nosotros piensa que su vida es lo peor, que no salimos de una y que siempre nos encontramos en momentos difíciles de digerir, pero si conociéramos la realidad de la vida de los demás, nos reiríamos de nosotros mismos, porque la vida no es más que un aprendizaje y crecimiento, y cada una de estas historias es un perfecto guion para ser llevado al cine o a un libreto de teatro, por la valentía con la que enfrentamos las realidades de nuestros diferentes capítulos. Eso es lo que han hecho cada una de estas nuevas y valientes escritoras, que nos muestran cómo han caminado por la vida, tratando de ser mejores ciudadanas, madres, esposas, amigas y hermanas.

Cada segmento de cada historia guarda una pasión escondida, una resolución impactante o un desarrollo que impresiona, que las llevó a ser quienes son hoy en día y que aprendieron a superar errores, a automotivarse para llegar a saber quiénes son hoy, con la experiencia del ayer como testigo, para ser nuestras guías e inspiración. De alguna manera, su confesión nos engrandece, para, como ellas, atrevernos a seguir adelante. Nunca nada está perdido, lo que perdemos es el tiempo, pensando en cómo lo vamos a resolver o superar. Por eso, esta cadena de historias iniciadas por Deyanira Martínez y Alba Letycia se han convertido en antologías de la revolución femenina, como prueba del empoderamiento de la mujer del siglo XXI.

## MUJERES QUE SE ATREVEN Y SUPERAN LÍMITES

Estas historias compartidas son un compacto libro de estrellas que aprendieron a brillar dentro de la oscuridad y pesadumbre de sus vidas y que, con coraje, al escribirlas, confirman que su fortaleza y fe las ayudaron a superar obstáculos. Es un guion digno para una película o en un libreto para una obra de teatro con valor genuino para zafarse de su situación y emprender, con grandes valores, nuevos caminos que les conducirán a los mejores lugares donde descollarán y harán leyenda.

Nuestro sincero propósito es que reconozcamos que no somos perfectas y que estamos en una montaña rusa, donde la vida es un subibaja. Podemos equivocarnos y cometer errores, como nuestras protagonistas, pero, con astucia y coraje, podemos seguir adelante, no importa el mal que hayamos pasado o el resbalón que hayamos dado; si nos caímos o estallamos, si creímos o nos engañaron, si nos mintieron o se burlaron de nosotras, o nos ignoraron o despreciaron, toda historia debe tener un final feliz, producido por la forma en la que enfrentamos las desavenencias, golpes o tropezones de la vida real.

Las historias expuestas en este libro brillan con luz propia, porque son genuinas y se tornan en finales felices, aunque la lucha continúe, para conservar la línea recta hacia el éxito propuesto después de despertar y haberse levantado como el ave fénix. Amor, humildad, compresión, paz, mística y entereza. Cada una de estas historias que van a disfrutar son magníficas para proyectarlas en las pantallas, grandes o pequeñas, como lecciones de vidas. ¡Que las disfruten!

**Lissette Montolío-Payán**

MUJERES QUE SE ATREVEN Y SUPERAN LÍMITES

LISSETTE MONTOLÍO-PAYÁN

# BIOGRAFÍA

Lissette Montolío-Payán es una artista multifacética, multipremiada en todas sus dimensiones. Maestra de ceremonias, ganadora cuatro veces del trofeo «Pico de Oro» del Círculo de Locutores Dominicanos (CLD). Personalidad internacional de la radio y televisión y presentadora, maestra de ceremonias; modelo, teatrista y actriz de cine, teatro y comerciales; profesora de modelaje, etiqueta y protocolo y de actuación; creadora de eventos internacionales de moda; presentadora y productora de sus programas de radio y TV: Parafernalia; fundadora de la compañía teatral, TraDraCo, Inc. The Group for the Performing Arts, con residencia en Queens, NY. Profesora retirada del Departamento de Educación de NYC.

Productora asociada y vicepresidente en EE. UU. de Global Creación sin límite & Global Televisión Educativa y miembro de honor de la FIA-U.S.A; Embajadora Cultural de la organización World Women Talents System, con sede en Italia; Vicepresidente del Congreso Hispanoamericano de Prensa, U.S.A-RD y miembro de honor del Parlamento Cultural Intercontinental, con sede en Paraguay.

Tiene un asociado en Artes del Colegio Comunal Eugenio María de Hostos, en el Bronx, Nueva York, miembro honorífico de la Sociedad Phi Theta Kappa; Magna Cum Laude de bachiller en Artes, con concentración en Psicología, en York College, en Queens; miembro de la Sociedad de Honor de Psicología Psi Chi y miembro en la Lista del Decano, los años 1994 y 1995; en 1998, terminó su licenciatura en Psicología Industrial en la Universidad Politécnica de Brooklyn. En el 2017, culminó su doctorado como la estudiante Valedictorian en Ciencias de la Comunicación en la Universidad C.E.L.A. Internacional.

Está afiliada a la Asociación de Cronistas de Espectáculos de Nueva York, ACE; Asociación de Cronistas de Arte de República Dominicana en Nueva York: ACROARTE, presidente de la filial de NY por el periodo 2019-2021; The National Association of Hispanic Journalist in the United States, NAHJ; Colegio Dominicano de Periodistas, CDA; Círculo de Locutores Dominicanos (CLD); Asociación de Locutores Dominicanos, DMA; 100 Hispanic Business Women; York College Alumni Association, Honor Society for The Liberal Arts at York College; AMA - American Management Association; IHRM - Institute for International Human Resources, Society for Human Resource Management; HR METRO CHAPTER-Human Research Association, Local Chapter. En teatro es miembro de la Hispanic Organization of Latin Actors, HOLA y UDAA.

Dra. Lissette Montolío

Science of communication: TV, radio & written press, PhD.

CEO-LMP Enterprise, Inc.

Theater, entertainment, and social Editor La Voz Hispana de NY.

Founder & Artistic Director TraDraCo Theater, Co. Inc. Theather & Training Unit in Queens.

Producer & Presenter radio & TV programs: PARAFERNALIA (Gurztac Productions-Global Creación sin límite & Global Televisión Educativa-TVE ).

World Women Talents System-APS-Art & Culture Emmabador, Italy.

Vicepresident Congreso Hispanoamericano de Prensa, U.S.A-RD.

Vicepresident Global Creación sin límites-FIA-U.S.A.

Cultural Intercontinental Parlamento: honor member U.S.A – Paraguay.

prensamontolio@gmail.com

**Miembro: NAHJ, ACE, ACROARTE, CDP, CLD, HOLA, UDAA, RAMECOA, ALD, & AMA.**

Redes sociales:

Dra Lissette Montolío Payán

Dra Lissette Montolío

# PREFACIO

*Recuerda que siempre te tienes a ti, que siempre cuentas contigo; que tu voz interior es más valiente de lo que puedas imaginar.*

**Alba Letycia**

Una obra literaria escrita desde el corazón de veinticuatro mujeres grandiosas. *Un libro que despierta distintas emociones; como la angustia, la tristeza, la fortaleza; las ganas de seguir adelante, esos miedos que paralizan o esa fe inquebrantable que siente el alma cuando está a punto de rendir y renace con gran fuerza, siguiendo en la lucha de esos sueños perdidos.*

Veinticuatr historias que te invitan a percibir la vida de otra forma, relatos que te inspirarán y te harán sentir cobijada entre letras que fluyen al compás de sus almas; contando lo que han vivido, esas experiencias únicas, de gran aprendizaje y sobre todo, el cómo han salido adelante. Un libro lleno de inspiración a través de la resiliencia de mujeres que se atrevieron y que lograron salir adelante a pesar de las grandes adversidades que la vida les fue poniendo en el camino saliendo airosas, renaciendo y cimentando un camino de éxito.

Léelas, entra en su mundo y toma todos los consejos que pueden ayudarte a creer en ti porque en ti reside el poder de vivir tu vida al ritmo que tú decidas. *Mujeres poderosas, imperfectamente perfectas*

## MUJERES QUE SE ATREVEN Y SUPERAN LÍMITES

*En ocasiones tenemos un sueño que se ve grande e inalcanzable, pero cuando decidimos ir en su búsqueda, el monstruo se empequeñece y nos damos cuenta de que no es tan difícil como parece.*

**Deyanira Martínez**

**Alba y Deya**
**Mujeres que se Atreven y Superan Límites**

# MADRINA VOLUMEN III
## POR ADRIANA DEVERS

Sabemos que las historias de inspiración son un motor para la sociedad, por eso diariamente buscamos modelos a seguir, frases que validen nuestra posición o uno que otro mensaje que nos encamine, así como una forma de intervención divina. Sin darnos cuenta, hay cosas que, simplemente, llegan cuando más las necesitamos.

En mi caso, Deyanira y Alba Letycia llegaron como hadas madrinas en un tiempo de expansión y conexión que ha marcado mi carrera como autora, oradora y maestra. El compartir una parte tan importante de mi historia personal, en el volumen 1 de *Mujeres que se atreven y superan límites: Historias de inspiración en tiempos difíciles*, y empaparme de los relatos de poder de cada una de mis hermanas de libro ha sido gratificante y significativo. Cada memoria compartida presenta una invitación a un renacer a través de las letras, en un vaivén de emociones que nos muestra la verdadera humanidad y todo lo que se puede alcanzar con perseverancia y fe.

Giras locales, nacionales e internacionales, reconocimientos por ventas, premiaciones individuales y en equipo, talleres de crecimiento personal y profesional, viajes, entrevistas, club de lectura y más, esos son solo algunos de los grandes logros del movimiento *Mujeres que se atreven y superan límites*, una idea que se convirtió en un sueño compartido. Ya en su tercer volumen, ha pasado a ser una realidad fructífera y enriquecedora.

Hoy les doy la bienvenida a nuevas hermanas de letras, me enorgullece el ser testigo del legado que MQSAYSL está dejando. Como dijo Dolores Huerta: «Nosotras, como mujeres, debemos iluminar nuestros logros y no sentirnos egoístas cuando lo hacemos. ¡Es una forma de hacerle saber al mundo que nosotras, como mujeres, podemos lograr grandes cosas!».

Así que, a seguir compartiendo historias, historias de pérdidas, de triunfos y fracasos, de éxito y felicidad. Historias que, ciertamente, vienen cargadas de esperanza y revestidas con la certeza de que todo lo podemos superar. Somos creadoras de nuestro destino, pintoras de nuestra realidad, artistas innatas, cuyas obras de arte pueden iluminar los caminos de seres que, como cada una de nosotras, buscan ser y pertenecer.

¡Bienvenidas al volumen III de *Mujeres que se atreven y superan límites*! Este, como los volúmenes anteriores, llega lleno de reciedumbre, vivacidad y optimismo. Envuélvete en las historias, descubre tu propio proceso por medio de ellas, inspírate a crear nuevos hábitos, a crecer y afrontar lo que sea que te haya detenido en el pasado. ¡Conviértete tú también en una mujer que se atreve y supera límites!

MUJERES QUE SE ATREVEN Y SUPERAN LÍMITES

ADRIANA DEVERS

# BIOGRAFÍA

Adriana Devers es autora, poeta, educadora, coordinadora de eventos culturales. Nacida y criada en la República Dominicana. Adriana Devers recibió su licenciatura en Pedagogía y maestría en Estudios Liberales de la Universidad de Stony Brook, Nueva York. Obras publicadas: poema "La negra del batey", en *Mujeres de Palabra, Poética y Antología* (2010); poemario *Huellas de una Memoria Perdida* (2008); *Mi Chiquitica en Luna Llena-My Little One in Full Moon* (2018), libro infantil bilingüe, premiado por Latino Book Awards en el 2019; libro de cuentos cortos *De cuento en cuento* (2019); libro infantil *¡Todos a bailar!* (2020). Coautora del primer volumen del *Best Seller Mujeres que Se Atreven y Superan Límites: Historias de inspiración en tiempos difíciles* (2021). Coautora en la antología de poemas *Mujer Titana* (2021), *Valentina Valente, ella es mi papá* (2022). Mención de honor en los premios International Latino Book Awards y el concurso Writer's Digest, título galardonado: *Huellas de una Memoria Perdida*, segunda edición (2022).

Fundadora de Cuentos de Triadas INC., creando experiencias de enriquecimiento cultural con un enfoque multidisciplinario. Sus programas culturales abordan temas de suma importancia en nuestra sociedad, implementando lo que ella llama "PCS" (Presencia, Compromiso y Solidaridad), incorporando el aprendizaje socioemocional y la preparación cívica, utilizando la literatura como herramienta principal. Miembro de la Junta de Latina Moms Connect. Ex vicepresidenta de Westbury Arts. Sus programas son ofrecidos a través del catálogo artístico de Eastern Suffolk BOCES y Nassau BOCES Arts-In-Education. Propietaria de Triadas Family Daycare en el condado de Nassau, programa educativo bilingüe que tiene como objetivo cultivar el sentido de pertenencia, la identidad cultural y la expresión artística.

En 2022, Adriana Devers fue seleccionada por la Fundación para las Artes de Nueva York como participante en el programa de entrenamiento Líderes de Color de las Artes y la Cultura en el Área triestatal. Sus programas Hair, an Afro-Latinx tale of Identity, Self Love and Accept y De Mente/Mental recibieron subsidio por parte del concejal de las artes Huntington Arts (NY Regrant program) y NYSCA LI (Creative Individual Grant), ambas iniciativas destacan el trabajo de Devers como escritora, narradora y activista comunitaria.

Su amor por las artes y su interés en el crecimiento de la comunidad la mantienen comprometida con varias organizaciones sin fines de lucro, como la Fundación Betty's Breast Cancer Foundation, Fundación Caricatura, Teatro Yerbabruja y Latina Moms Connect. A través de su trabajo, ella busca resaltar nuestra herencia cultural, promoviendo un diálogo abierto sobre temas actuales, y a su vez ofreciendo un espacio seguro que fomenta la importancia de las artes como herramienta de cambio positivo en la educación.

Redes sociales:

www.cuentosdetriadas.com

cuentos_de_triadas

# CAJITA DE CRISTAL
## POR ANA SAAVEDRA

Soy la mayor de cuatro hermanos, recuerdo que cuando tenía 7 años esperaba con ansias el día que salíamos de vacaciones de la escuela para poder visitar a mis abuelos y a mi tía. Ellos vivían en un rancho llamado Ceja de Bravo, Huimilpan, en Querétaro, México, un lugar lleno de valles. Recuerdo su vegetación abundante y rica en materiales de madera, como encino, pino, tejocote, capulín, entre otras. Nunca lo olvidaré, era una niña, pero algunas memorias quedan para siempre.

Mi abuela todavía vive, ahora tiene 95 años, recuerdo llegar a su casa, la cual estaba hecha de adobe, al igual que el fogón que utilizaba, el techo era de lámina y por algunos hoyos que tenía entraban los rayos del sol. Llegábamos y ella estaba en su cocina haciendo tortillas, ya con el desayuno listo porque llegaríamos a su casa de visita; no había nada más hermoso ni tan reconfortante que llegar a casa de la abuela. Mi abuelo tenía un sembradío de maíz, ella le llevaba el desayuno, mi tía y yo la acompañábamos, le ayudábamos a mi abuelo con la siembra, bueno, qué tanto podíamos ayudar dos niñas de 7 y 10 añitos.

Mis padres y mis abuelos me inculcaron la fe católica, todos los domingos caminábamos 45 minutos para ir a la iglesia, la cual estaba en la punta de un cerrito, pero no importaba caminar tanto. Yo era feliz, ellos me enseñaron los valores de la vida: el respeto, la lealtad y la humildad; cómo olvidarlo, son enseñanzas que quedan para siempre y hoy se los agradezco con todo mi corazón. Esos momentos son inolvidables para mí, y así, por muchos años, cada que tenía vacaciones me iba con ellos.

Como toda niña, con el pasar del tiempo crecí, mi tía se casó y, de pronto, se acabaron esos bellos momentos. Sin embargo, debo confesar que tuve una niñez muy bonita. Recuerdo a mis padres siempre muy trabajadores, mi madre siempre al pendiente de sus hijos, de mi papá y de los quehaceres de la casa; mi padre trabajando para el sustento de la casa y para que no nos faltara nada. Siempre los veía tomados de la mano o abrazados a donde quiera que iban, y eso llenaba mi corazón de alegría como no se imaginan.

Desde pequeña fui responsable y muy independiente, recuerdo ir a la escuela y caminar muchas calles para llegar, ayudaba a mi mamá con los quehaceres de la casa; claro, sin descuidar la escuela. A mis amigos les gustaba ir a casa a hacer tareas en equipo, porque mamá les hacía de comer y decían que cocinaba muy rico.

Llegó la adolescencia, en la secundaria tenía más responsabilidades, nuevos amigos y mi primer novio, ji, ji. Ahí llevé el taller de Dibujo Industrial, que me gustó mucho y mis papás me proporcionaron todo lo que se necesitaba, pero yo no tenía metas, no sabía exactamente lo que quería; salí de la secundaria y me puse a trabajar. En el entorno donde yo estaba, el pensar colectivo era terminar la secundaria y ponerse a trabajar, no tuve ese mentor que me dijera: «Sigue estudiando, Ana, prepárate, tú puedes», y pues a los 16 años comencé a trabajar.

En 1994 conocí a un chico guapo, atento, detallista, supongo que como todo chico conquistando a una linda chica, ji, ji, con el cual me casé unos meses más tarde, pensando en un matrimonio para toda la vida, como el de mis padres. Tiempo después nació nuestro primer hijo, nos habíamos realizado como padres, fue una gran bendición, era el primer nieto por parte de la familia de mi esposo, era un niño hermoso y querido por todos. Pasaron tres años y tuvimos nuestra primera casa, estábamos muy contentos, habíamos logrado un sueño como matrimonio.

Como en todo matrimonio, había problemas escaseaba el trabajo, y tras tres años mi esposo decidió emigrar a los Estados Unidos. Aquí se acaba todo, pensé... tres meses después mi esposo quiso que fuéramos a reunirnos con él, fue una resolución muy difícil, tenía que dejar toda mi vida atrás, mi casa, mis padres, mis hermanos, mis sobrinos, todo, pero yo amaba a mi esposo y quería estar con él, así que opté por emigrar a ese país del norte en el año 2001 con mi hijo y reunirme con mi esposo.

Llegué a un mundo desconocido y nuevo para mí, llegué a una casa en donde nos prestaron un garaje para vivir, pero eso no importó, ya estábamos juntos como familia. Un mes después nos fuimos a rentar una casa con otra pareja, lo cual no funcionó, y más adelante nos fuimos a rentar un apartamento.

Con el pasar del tiempo nació nuestro segundo bebé, una hermosa niña, una bendición más para nuestra vida, pero en un país lejos de casa, y así creció más la familia. Era una niña muy segura de sí misma y con mucha personalidad, aunque faltaban los abuelos y los tíos; es muy duro estar lejos de tus seres queridos, les quitas el derecho a tus hijos de crecer con ellos. Eso realmente me hacía sentir mal en ocasiones.

Llegó el día en el que me tuve que ir a trabajar, sin embargo yo no quería dejar a mis hijos al cuidado de otras personas y comencé a trabajar de noche en una fábrica; mi esposo se quedaba con ellos por la noche, llegaba yo y él se iba a trabajar por la mañana. Tiempo después entré a trabajar en Austin American Statement, tirando periódico de madrugada, ahí duré 12 años, en esa época, en el 2005, nació mi tercer hijo: una nena que era la alegría de la casa, una niña con una hermosa sonrisa y muy cariñosa. Después de 12 años trabajando los 365 días del año, decidí dejar de trabajar, me sentía cansada.

Tras esa resolución, entré a la escuela y a estudiar inglés, solo aprendí lo básico, se me complicó mucho siendo madre de tres niños, tenía que dejar a uno en la primaria, a otro en la secundaria y a uno más en la preparatoria, todos en diferente escuela, y después de dejarlos me iba a la mía.

Algo estaba pasando en casa, en el matrimonio siempre hay problemas, pero esto era algo diferente, las cosas estaban cambiando, mi esposo estaba cambiando. En ese entonces asistíamos a la iglesia, yo servía en el retiro ACTS y mi esposo nunca quiso involucrarse. Las cosas no estaban nada bien y yo le preguntaba a Dios: «¿Qué está pasando?».

Todo el tiempo andaba yo sola con mis hijos, mi esposo ya no iba a la escuela de los niños, ya no nos acompañaba a la iglesia, recuerdo una vez que salí de servir en un retiro, al final tuvimos una pequeña convivencia, mi esposo no se quedó porque tenía que ir a ver un trabajo, dijo que no tardaba, y nunca llegó. Ese día estaba muy frío, unos amigos nos llevaron a casa, pero yo no traía llaves para entrar, mi esposo se las había llevado y nos quedamos afuera hasta que él llegó. Pasó el tiempo y todo seguía mal, era desesperante, sentía que me estaba ahogando en mi propia casa y comencé a buscar trabajo, tenía algunas propuestas, sin embargo yo no quería un trabajo donde yo tuviera un jefe, yo quería algo diferente, así que pedí a Dios por él y un día salí de mi casa; necesitaba respirar y llegué a comprar un té a un centro comercial a donde siempre iba, no estaba la dueña del lugar, estaba otra persona, pregunté por la encargada y me contestó: «Ella no está, la encuentras hasta mañana por la mañana», y ella añadió: Yo soy su socia.

Tenía años que pasaba a tomar el té en ese lugar, la dueña siempre era muy amable, muy servicial y después de escuchar a la señora que me atendió me pensé: «Yo quiero trabajar en este lugar». Al otro día, tempranito, me fui a buscar a la dueña y le dije que yo quería hacer lo que ella hacía, que yo quería ser su socia y me respondió que no, que ahorita no tenía lugar ahí con ella, pero que me podía acomodar en otro lugar con alguien más; sin embargo, yo sabía lo que quería, fui persistente y logré ser su socia, claro, después de cumplir algunos requisitos.

En casa las cosas estaban peor, y una vez más pregunté a Dios: «¿Qué está pasando con mi matrimonio?», después supe que había una tercera persona. Mi familia, mi mundo se partió en mil pedazos, en dos ocasiones sentí volverme loca, ver a tus hijos llorar, a una de mis hijas en el hospital porque tenía ataques de ansiedad, recuerdo que por las noches se levantaba llorando y gritando que no podía respirar y no sentía su cuerpo; mi hija, la más pequeña, y yo corríamos a tranquilizarla y decirle que todo iba a estar bien; fueron muy duros esos momentos porque vine a un país siguiendo a la persona que se supone que me iba a cuidar, a proteger, y resultó que fue quien más daño me hizo. Ahora sé que Dios pone ángeles en tu camino, que están ahí para apoyarte, ayudarte, están ahí a la hora que sea, de corazón, mil gracias.

Y así siguieron pasando muchas cosas, peleas, insultos, un «TÚ NO PUEDES». Sin embargo, esas palabras me hicieron más fuerte y me dije: «Yo tengo que ser una persona diferente», así que comencé a trabajar en mí.

Y como todo ser humano, había veces que me caía, pero ver a mis hijos y recordar esas palabras me volvía a levantar. Gracias a Dios ya tenía mi empleo y formaba parte de un grupo de maravillosas mujeres que me ayudaron a trabajar en mí, encontré apoyo en ellas, palabras de consuelo, me enseñaron cuánto valía como mujer, me enseñaron a soñar, aprendí sobre liderazgo y sigo aprendiendo cada día y de cada una de ellas.

Hoy soy la mujer que soy gracias a lo sucedido, y doy gracias a Dios por eso. Ahora tengo mi propio negocio —Healthy4you Nutrition—, sirviendo a mi comunidad, llevando la mejor nutrición celular y bienestar físico, me encanta lo que hago, y ahora me uní a la comunidad *mujeres 6 dígitos* con el objetivo de seguir creciendo en lo personal y en lo profesional. Cuando tú estás en los caminos de Dios, Él te va preparando y te pone pruebas para hacerte más fuerte en tu fe; y cuando tú hablas con Él y le pides ayuda porque estás roto, te dice que no estás sola, que Él está contigo y que esto pasará, que los pedazos que se cayeron es porque te está transformando, que el dolor que tú sientes es dolor de crecimiento y que tienes que desprenderte de las cosas y personas que te están deteniendo. Cada pieza que se cae es porque ya no la necesitas, así que respira profundamente y déjalas caer, recuerda que debajo de cada pieza que se cae, queda una mujer fuerte, llena de luz, amor y coraje.

# BIOGRAFÍA

Ana Saavedra es la mayor de cuatro hermanos, nacida en Santiago de Querétaro, México. Emigró a los Estados Unidos en el 2001.

Trabajó para Austin American Statesman por 12 años, ahora es una mujer emprendedora, empresaria en el área de la salud y bienestar, *coach*, CEO de Healthy4you Nutrition, actualmente es parte de la comunidad Mujer 6 Dígitos, con el objetivo de seguir en su crecimiento personal y profesional.

Ayuda a mujeres y sus familias a llevar un mejor estilo de vida saludable y bienestar físico.

Su misión es apoyar a otras mujeres a vivir una vida saludable, próspera y feliz, e impactar a su familia y su comunidad con el mensaje de salud y nutrición.

Ana cree que todas las mujeres podemos caernos y volvernos a levantar una y otra vez, cuantas veces sea necesario, hasta que logremos alcanzar nuestro sueño y convertirnos en una mejor versión de nosotras mismas.

## Redes Sociales

www.asaavedra.goherbalife.com/es-us

Healthy4you Nutrition

Anny Saavedra

Healthy4you_ana

# ESTÁS A UNA DECISIÓN DE UNA VIDA DIFERENTE
## POR ANGELY BAEZ

«Mi sueño era verte hecha toda una profesional. Así que llegué hasta aquí. Ahora me toca echar adelante a tu hermana».

Estas fueron las palabras de mi madre el día de mi graduación de secundaria. Así que ahora estaba por mi cuenta, y con solo 17 años, tuve que empezar a tomar decisiones trascendentales que marcarían mi vida.

Mi familia, trabajadora incansable y de fuertes valores, era de escasos recursos en aquel momento. Sin embargo, tuve la dicha de recibir una beca estudiantil. Recuerdo que en la escuela me hice responsable de mantener calificaciones siempre sobresalientes, todo ello para conseguir esa facilidad económica. Esto significó un gran esfuerzo como para dejarlo escapar de la nada.

Qué difícil decisión para una adolescente con una beca en la puerta que cambiaría su futuro, pero sin poder utilizarla para aprender de aquello que le apasionaba verdaderamente.

Locución, producción, radio o creatividad no eran carreras comunes en aquel momento, pero yo ya estaba enamorada de desarrollar algo que me permitiera expresar mi arte.

¿Cómo se le explica eso a una madre? ¿Cómo le dices que no usarás la beca y que seguirás una carrera técnica y no «una de verdad»? Y así, señoras y señores, tomé mi primera gran y valiente decisión: me ahorré cuatro años de estudio fallido, pero gané una profesión que me ha enseñado el verdadero significado de la palabra realización. Tomé esta determinación porque quería estudiar una carrera que hiciera sentido para mí (me hiciese feliz), aunque significase hacerlo en una universidad pública (en mi país, la universidad pública tiene grandes retos).

Entonces, con sueldo de empleada de una tienda de zapatos, con retos, contratiempos y dificultades, dejé ir la beca y fui en búsqueda de la felicidad.

No es sino hasta ahora que miro hacia atrás que me doy cuenta de lo significativo que fue ese cambio de ruta. En aquel momento, como en muchos otros a lo largo de mi vida, tomé la decisión en «modo supervivencia»; y estoy segura de que a ti también te ha pasado.

¿Cuántas veces te has sentado a pensar en «todo lo que hubieses logrado de haber tenido el dinero, los recursos, y el apoyo»? ¿Alguna vez pensaste en los caminos que se te abrieron al tomar decisiones siendo guiada por tu instinto y corazón?

Si me preguntan si el dinero no hubiese sido un problema, me hubiese graduado de publicista y, conociéndome como lo hago, estaría hasta el tope de trabajo, cumpliendo sueños, dejándolo todo en una agencia... Pero... ¿Realmente hubiese sido feliz? No lo creo.

Para mi madre, en ese momento, mi selección de carrera era un sello asegurado de que «me moriría de hambre». «Confía en mí, mami, no te preocupes», le respondí. Esas palabras las asumí como una doble responsabilidad: tenía que estudiar y trabajar lo suficiente para ayudar a mi madre con la economía de la casa, mientras, ahora, ella encaminaba el futuro de mi hermanita.

Para aprender, ganar experiencia y pulirme como locutora, participé en muchos proyectos gratuitos, mientras estaba en mi «trabajo normal». «Hice mi turno». Me tocó comenzar desde abajo. Ser la primera en llegar y, a veces, la última en irme. Comprometerme con la excelencia. Y es interesante cómo a veces la vida nos pone a prueba para ver qué tan seguros estamos de nuestras decisiones.

Mi «amor por la comunicación» fue puesto a prueba y, unos años más adelante, al verme confrontada por una interrogante moral, muy personal, me elegí a mí y pagué el precio de postergar los grandes resultados que Dios me tenía preparados. Llegué a renunciar a mi sueño a mitad del camino, en un momento en que la desilusión se apoderó de mí.

Si estas palabras cobran sentido en tu mente y sientes esa desilusión, hoy te digo que persistas por aquello que anhelas. Vale la pena.

En mi caso, prestar demasiada atención a todo aquello que me desilusionaba, me llevó a tomar decisiones erróneas: emprendí en otra área completamente divorciada de los medios de comunicación. Aposté a un negocio del que no conocía casi nada, y lo perdí; con ello, compré una lección que me salió bastante cara. Me tomó dos años de nuevas experiencias en otro sector laboral. Así que, con un negocio fallido, con unas cuantas deudas y heridas importantes al ego, llegó el momento para tomar la segunda gran decisión que me trajo de regreso al camino de mis pasiones.

Tuve que doblegarme, aprender a confiar y bajar la guardia para entender que también existía gente buena en mi rubro, dispuestos a reconocer, respetar y celebrar mis talentos. Le dije que sí a la radio y me regalé la oportunidad de intentarlo, otra vez.

¿Qué hubiese pasado si mi sueño hubiese terminado en el quiebre de mi negocio? Honestamente, no sé... Pero lo que sí sé es que me trajo seis años de mucha felicidad, haciendo lo que amo. Me conectó nuevamente con mi esencia: comunicar.

Si te das el permiso de analizar las razones que te llevan a poner límites al atreverte a intentarlo, o reintentarlo, de seguro encontrarás un hecho particular: que la vida se trata de negociación. Cada acción tiene un costo (los sacrificios que debes hacer), un valor (lo que significa para ti) y depende de tu capacidad de pago (qué tan dispuesto estás a pagar el precio, según lo que vale para ti).

¿Qué precio estás dispuesto a pagar por la vida que quieres? ¿Qué precio pagarías por una vida que valga la pena vivir? En mi caso, tuve que preguntarme varias veces: ¿Vale la pena vivir de mi pasión?, ¿por qué es tan importante para mí? Y me di cuenta de que no me imaginaba haciendo algo que odiara cada día de mi vida.

Claro está, aún necesitaría mi malla de seguridad en este cambiante mundo de la comunicación, para atreverme a dar cualquier paso. Y con eso me refiero a ese «trabajo normal» que paga las rentas y los mercados de la quincena.

La próxima decisión que les contaré, fue una de las más arriesgadas, de esas que dicen que mientras más incómoda, más te acercas a lo correcto. Dar el salto de fe y enfocarme solo en mis talentos. Hacer que mis talentos trabajaran para mí. El arriesgado paso de independizarme sin ninguna posible evidencia de «éxito», pero con la firme convicción de que todo saldría bien. Y gracias a Dios así ha sido.

Algo que deben conocer de mí es que crecí con muchos miedos y carencias. Así que dudé por mucho tiempo de mis capacidades y, a lo largo del camino, tuve que hacer las paces con que no siempre las cosas saldrían como yo quería, por más que quisiera controlarlas. Aprender que estaba bien el autocelebrarme y sentirme orgullosa de mis grandes o pequeños logros. Parar y celebrarme para no estar todo el tiempo «tras una meta en constante movimiento».

Los errores se pagan con dinero, y por eso debo estar presente y pendiente de cada aspecto de mi carrera. Aprender la importancia de delegar, de pedir ayuda y de permitirme ser ayudada.

Emprender no es un camino de rosas, y en varios momentos me he replanteado todas mis decisiones, pero al final, siempre he llegado a la misma conclusión: hacer lo que amas y amar lo que haces, por cliché que parezca, no tiene precio.

Así que, si llegaste hasta aquí, quiero recordarte lo siguiente:

Hacer lo que amas requiere un acto de valentía.

Si vas a apostar o invertir en lo que sea, apuesta a ti. Invierte en ti. Elígete a ti. ¿Cuántas veces se nos hace fácil admirar los talentos y grandeza de los demás, pero se nos hace imposible ver los talentos en nosotros mismos? Si Dios puso ese sueño en tu corazón, es porque puedes hacerlo, recuerda que Él no elige al capacitado, sino que capacita al elegido.

Y ya que mencionamos las inversiones, elige a tu socio de inversión como elegirías al padre de tus hijos, no lo tomes a la ligera. Y nunca inviertas en algo que desconoces.

Acepta los cambios, las vueltas y las puertas que se cierran en tu camino. No sabes de lo que Dios te está librando.

No des por sentado tus dones y talentos solo porque te parecen «tan comunes, que todo el mundo podría hacerlo».

Toma decisiones informadas, analiza, dedícale unos pensamientos, aprende lo que puedas y discierne al respecto.

Y, por último, ante la duda, para, descansa, analiza y vuelve a ti. En el fondo sabes cuál es la decisión correcta, y si te da mucho miedo, es porque justamente ahí inicia tu camino a la felicidad.

Actualmente, hago lo que amo, soy comunicadora social, productora y conductora de radio, multipremiada; locutora bilingüe profesional a nivel comercial, corporativo y narrativo. *Speaker* internacional, traductora simultánea. Voz en *off* y presentadora de eventos.

# BIOGRAFÍA

Angely Baez es comunicadora social, productora y conductora de radio, multipremiada locutora bilingüe profesional a nivel comercial, corporativo y narrativo. *Speaker* internacional, traductora simultánea. Voz en *off*, maestra de ceremonias bilingüe y presentadora de eventos.

Es considerada por muchos como una de las mejores voces comerciales de la República Dominicana. Es la primera dominicana en la historia en ser nominada a los más prestigiosos premios de la locución internacional con sede en los Estados Unidos: Voice Arts Awards de la Society of Voice Arts and Sciences, considerados los Oscar de la voz. Siendo la primera y, hasta la fecha, única dominicana en ser siete veces nominada en las categorías: *Outstanding Commercial Demo Reel, Spoken Word or Storytelling, Audiobook Narration Fiction, Audiobook Narration Fantasy and Narration for Tv or Film*, ganando tres veces la estatuilla.

Ha sido dos veces nominada y ganadora como mejor narradora de audiolibros en español en los prestigiosos premios LAVAT, en México, y en el Festival Iberoamericano de la voz, en Colombia.

Conferencista internacional que ha dictado talleres de doblaje, caracterización, producción radial, locución comercial, narración de audiolibros y oratoria en Colombia, Ecuador, Estados Unidos, Guatemala, México y República Dominicana.

Como voz comercial, ha tenido la oportunidad de trabajar con importantes marcas a nivel internacional, ser la voz oficial de emisoras en la República Dominicana, México y Puerto Rico, así como ser la voz en español e inglés de varios museos, documentales y audiolibros, tanto en calidad de narradora como en la caracterización de personajes. Gracias a su formación en teatro clásico y canto, ha incursionado en teatro musical, cine y doblaje de películas.

Como traductora simultánea (inglés a español), ha tenido la satisfacción de trabajar con grandes empresas multinacionales, embajadores y creadores de marcas, músicos y actores, así como eventos de la talla de Miss Universo y premios Grammy para Latinoamérica.

Receptora de múltiples premios y reconocimientos en su natal República Dominicana. Cocreadora de Locución Santo Domingo, primera conferencia internacional para locutores y profesionales de la voz en la Republica Dominicana. Creadora de los talleres especializados: Locución 101 y Locución Comercial Avanzada. Docente y asesora de Oratoria, Manejo de Miedo Escénico y Locución Comercial.

Dentro de su formación académica, se encuentran estudios de: Comunicación Social Mención Relaciones Públicas, Neurooratoria, Locución, Maestría d Ceremonias, Oratoria, Producción, Presentación Radiotelevisiva; Creatividad Publicitaria, Escritura Creativa; Preparación Vocal y Canto; Manejo de Intenciones; Arte de la Interpretación para Cine, Teatro y TV, Caracterizaciones y Manejo de la Voz, Dramatículos y Microteatro, Teatro Musical, Narraciones de Largo Formato, Doblaje para Películas y Locución para Documentales.

Es miembro de:

ACL-Asociación Colombiana de Locutores

ADLLA-Asociación de Locutores Latinoamericanos

ADME-Asociación Dominicana de Mujeres Empresarias

ALS-Asociación de Locutores de Santiago (Miembro Honorifica tras reconocimiento)

AMELOC-Asociación Mexicana de Locutores Comerciales

AMUCINE-Asociación de Mujeres del Cine (Miembro Honorifica tras reconocimiento)

CLD-Círculo de Locutores Dominicanos

CNEPR-Comisión Nacional de Espectáculos Públicos y Radiofonía

HOLA-Hispanic Organization of Latin Actors

RLCD-Red de Locutores Cristianos Dominicanos (Miembro Honorífica tras reconocimiento)

**Redes Sociales:**

@AngelyBaezF

Angely Baez

# QUE NADIE TE IMPIDA CUMPLIR TUS SUEÑOS
## POR BEATRIZ AGUILAR

Regresar al pasado es algo difícil, me trae recuerdos muy tristes, de niña tenía muchos sueños, pero las circunstancias hacen que tu destino se mueva en otra dirección.

Espero que mi historia te ayude, si te propones algo y luchas por ello, seguro que puedes lograrlo.

Te contaré parte de mi vida. Nací en la Ciudad de México, en 1971. Recuerdo los juegos de niña, en esa época se podía salir a la calle, todos salíamos a jugar: avión, la cuerda, béisbol, resorte, encantados, cebollitas y mucho más; podías tomar agua de la llave, no se usaba la tecnología, no había celulares ni internet, usabas tu imaginación, tu creatividad y soñabas.

Desde niña aprendí que tienes que ser mejor en todo, mi hermano mayor era muy competitivo y no había opción de perder; desde entonces todo lo vi como una competencia y me esforcé por tener buenas calificaciones, aunque en mi infancia y adolescencia tuve muchas limitaciones económicas.

Mi padre era comerciante y mi mamá, ama de casa. Somos tres hermanas y tres hermanos, todos vivíamos en un mismo cuarto, mi mamá cocinaba en una parrilla, las camas eran los asientos para comer en una pequeña mesa que tenía un periódico de mantel, las cortinas eran de hule, las sábanas eran de manta de unos costales de azúcar que mi papá traía y mi mamá los cosía, las almohadas eran rellenas de ropa vieja y para trapear usábamos un suéter viejo de mi papá.

Recuerdo que, al pedirle a mi papá para un lápiz, monografías, colores, algo de la escuela, su respuesta era: «No tengo dinero». Yo le explicaba que lo necesitaba, pero me decía: «Diles que somos pobres» o «El próximo sábado te doy»; las tareas se tenían que entregar, así que dibujaba las ilustraciones para no gastar y si nos pedían mapas, con un cuaderno de dibujo de mi hermano usaba las hojas para calcarlos, algunas veces borraba con el migajón del pan, cosía las hojas para no engargolar los trabajos; desde entonces aprendí a buscar soluciones y difícilmente a pedir ayuda, solo cuando es muy necesario.

Lo más difícil fue hacer la tarea y estudiar en mi casa, ya que no había lugar para hacerlo, escribía en mis piernas, en el suelo, pero me quitaban y me decían: «Quítate, estorbas». En las noches no podía prender la luz, porque les molestaba a mis hermanos, así que me acercaba a la ventana para tener luz del foco de la calle y abría un poco la ventana para recargarme y escribir, también me iba al baño a estudiar porque ahí sí podía prender la luz; otras veces subía a la azotea, pero hacía mucho frío o calor si subía en el día, incluso cuando mi papá ya se iba a trabajar en la madrugada y me veía, me mandaba a dormir y tenía que esperar a que se fuera para continuar.

Uno de mis hermanos me quitaba mis plumas y las aventaba, me pegaba con su puño en un brazo, eso me dolía mucho y me hacía llorar, lo hizo por varios años; ahora, al recordar, me sigo preguntando ¿por qué lo hacía?

Mi mamá y mis dos hermanas estudiaron para secretarias y se casaron a los 20 años. Mi papá tenía mucha ilusión en mi hermana mayor y la apoyó en todo, cuando ella decidió casarse y no ejercer su carrera, empeoró todo, a partir de ese momento ya no quería comprar nada, ni lo básico.

En la escuela vocacional (preparatoria) fue más difícil, porque tuve el taller de Construcción y hacía planos de casas, y para hacerlos tenía que usar tres estilógrafos, uno de punto fino, medio y grueso, a mí solo me compraron uno y al momento de pedirle a mi papá el dinero, me decía: «¿Para qué te doy?, si te vas a casar a los 20 años y vas a ser secretaria», esa respuesta la repetía cada que le pedía algo, así que trabajaba con un solo estilógrafo y en el suelo, me tardaba el triple del tiempo para hacer mis planos. En esa época casi no dormía.

Yo soy muy friolenta, iba en el turno de la mañana, tenía que salir a las 5:30 a. m. y hacía mucho frío, no tenía suéter y mis zapatos eran unos huaraches de plástico, así que tuve que aguantar esos meses fríos durante los tres años de mi preparatoria.

Yo quería seguir estudiando y terminar una carrera, Arquitectura no era opción, porque era muy costosa, eso me llevó a estudiar en una universidad cerca de mi casa para no gastar en pasajes y buscar una carrera en la que no se gastara tanto dinero, por eso escogí Informática; siendo mi carrera de Sistemas, nunca tuve una computadora, me la pasaba en las salas de cómputo de la universidad y en la biblioteca para no comprar libros, y así fue hasta que conocí a mi amiga Ángeles y a su familia, que fueron una bendición para mí, las tareas y trabajos los hacía en su casa, ella tenía recursos, y afacilitó terminar mi carrera.

En la universidad estaba la opción para titularme rápido y sin gastar tanto, hice un examen general de conocimientos y lo pasé, no era necesario hacer tesis, ni otras cosas, recuerdo que ese día busqué a mi papá para invitarlo a mi graduación, diciéndole: «Mañana me titulo, es mi ceremonia, no me casé y no soy secretaria».

Profesores, amigas, amigos, compañeros de trabajo y personas cercanas a mí conocen a la persona de carácter fuerte, que lucha y sobresale; desde la secundaria hasta la fecha me he caracterizado por ser una buena líder; laboralmente, siempre he tenido personal a mi cargo, esa fuerza me impulsa para ser mejor cada día y tener lo que siempre soñé.

Tengo mis metas muy claras, cumplo mis promesas y, sobre todo, si pienso o digo algo, actúo para cumplir mis proyectos; soy muy exigente conmigo misma, busco y realizo las cosas, no me gustan las injusticias, por eso hago un equilibrio creando una armonía, soy organizada y analítica, eso me ha ayudado a tomar el control y ser quien toma la iniciativa y decisiones en mi familia, en la escuela, profesionalmente y en todo lo que me rodea.

Desde que terminé mi carrera, he trabajado por 28 años en áreas de sistemas, me empleé en el Gobierno por 19 años y 9 años en iniciativa privada. El camino laboral no ha sido fácil, al inicio el machismo era más marcado, no era sencillo estar en una junta donde la única mujer eres tú, algunos hombres no aceptaban tener una mujer como jefa y, con base en trabajo y resultados, logré que cambiaran de opinión, ganándome su respeto y amistad, que aún conservo.

He crecido profesionalmente, me gusta y me apasiona mi trabajo, ayudo a las personas y las trato como me gustaría que mis jefes me trataran a mí.

A los 29 años me casé, tuve dos hijos maravillosos: Jorge y Karen. Tuve un noviazgo de 9 años, lo que puedo decirles es que él se quería casar cuando éramos estudiantes, incluso salirse de estudiar para trabajar, pero yo no acepté, tenía una meta que cumplir, así que se alargó el compromiso hasta que me titulé y trabajé.

Recuerdo que en la universidad, mi amiga Ángeles y yo queríamos bailar hawaiano y no nos aceptaron, porque era para niñas, unos años más tarde, cuando mis hijos eran pequeños, me invitó mi amiga Ángeles para ir al hawaiano, yo muy contenta quise ir, pero mi esposo no me dejó, su argumento fue ¿quién iba a cuidar a mis hijos? Así que no fui, me quedé en casa y me puse a analizar en voz alta: «Trabajo, aporto la mitad de los gastos y más, hago quehacer y no tengo ninguna actividad física, de hecho ninguna otra», así que el siguiente sábado preparé pañalera, juguetes, cobija y me los llevé al hawaiano, con gusto les puedo decir que aún lo practico y me hace muy feliz pertenecer a mi Ohana.

Hace siete años me separé, nuestros objetivos y metas eran muy diferentes, crecer profesionalmente no era opción ni aspirar a tener cosas mejores, ya sea comprar un mejor carro, una casa, viajar, hacer reuniones familiares o fiestas de mis hijos, salir a comer a un restaurante, ir al cine… todo representaba un gasto; aunado a que la relación de mi ex en ese tiempo con mis hijos no era nada cordial, de modo que ellos y yo decidimos que ya no viviera con nosotros.

Vivo el presente, lucho por tener un mejor futuro al lado de mis hijos, vivo en una hermosa casa que compré, hemos realizado viajes que antes era imposible hacerlos, disfrutamos el tiempo en familia y, por supuesto, mis dos hijos están en la universidad para concluir sus carreras.

Nada me impidió seguir con mis sueños, aún me queda mucho por realizar, hace unos meses ingresé a un club de lectura y gracias a este círculo de mujeres exitosas incursioné en el mundo de las inversiones y ahora soy parte de este maravilloso libro, una frase que recuerdo es: «Acércate a personas exitosas y serás una de ellas».

Actualmente, llevo una buena relación con mis hermanos, me siento orgullosa de poderlos ayudar, sobre todo a mi mamá, quien vive ahora en mi casa y tiene su propio cuarto. Desde que empecé a trabajar, en todos los viajes que he realizado, paseos, comidas y reuniones, la llevo siempre conmigo, sé que pasé una infancia llena de limitaciones, al igual o peor que mi mamá, así que trato de darle la vida que se merece y que disfrute de lo que no tuvimos.

Hace más de 18 años le dio un derrame cerebral a mi papá, y, ese día que lo llevamos al hospital, nos enteramos de que tenía otra familia con dos medios hermanos, en ese momento entendí por qué tuve tantas limitaciones; aun así cuidamos de él por más de tres años en el hospital, salió con algunas secuelas y tiempo después falleció.

Espero que mi historia sea un ejemplo para ti. Si quieres luchar por tu carrera, crecer profesionalmente, hazlo, que nada ni nadie te detenga, que a pesar de los obstáculos, con determinación y esfuerzo puedes lograrlo; lucha, no te rindas, tú puedes, disfruta y realiza lo que haces con pasión, verás los resultados muy pronto.

# BIOGRAFÍA

Beatriz Aguilar es líder nata, radica en la Ciudad de México, con esfuerzo y perseverancia logró titularse como licenciada en Ciencias de la Informática, egresada del Instituto Politécnico Nacional, tiene una maestría en Migración de Sistemas en la Universidad Tecnológica de México, un diplomado en Cibercriminalidad en Informática Forense.

Cuenta con vasta experiencia en proyectos de Tecnologías de la Información por más de 28 años, de los cuales, 19 años han sido en el sector público. Ha implementado sistemas de Verificación y Vigilancia, así como proyectos Jurídicos, Aduaneros y Modelos de Riesgo, incorporando componentes tecnológicos de vanguardia, procesando grandes volúmenes de información en tiempo real para controlar los mismos a través de tableros de indicadores.

Actualmente, trabaja en una empresa global de servicios que le ha permitido lograr su mejor desarrollo profesional, siendo *Senior Manager* del Centro de Innovación Digital, teniendo logros como la implementación de Plataformas Analíticas que apoyan a los clientes y áreas internas, en sus actividades diarias a través de la automatización de procesos como: aplicativos web, tableros de control, *robotics* y *apps*.

Sus principales habilidades profesionales son el liderazgo, la administración y la gestión orientada al servicio.

Mujer perseverante, empática, honesta, directa, extrovertida, decidida, sincera, leal, sensible, autónoma, colaboradora y, sobre todo, justa.

Sus pasatiempos preferidos son: hawaiano, natación y lectura, su logro personal fue comprarse la casa de sus sueños con jardín, le gusta viajar, conocer nuevos lugares, y espera poder seguir viajando. Orgullosa de sus dos hijos: Karen, iniciando la carrera de Médico Cirujano en la Universidad Nacional Autónoma de México, y Jorge, en el último semestre de la carrera de Gastronomía en la Universidad del Claustro de Sor Juana.

Agradecida con sus amigas y amigos que la han apoyado en los momentos difíciles y memorables de su vida.

## Redes Sociales

Bethy Aguilar

betyaguilarjk

@AguilarBamjk

Beatriz Aguilar

# LA MUJER DEL DON DE MIDAS
## POR BET SANTAMARÍA

¿Alguna vez has escuchado la frase «no se puede tener todo en la vida»? ¿O qué tal esta: «afortunada en el juego, desafortunada en el amor»? Yo sí, muchas veces, incluso tengo que confesar que también he repetido la primera para hacer alusión a algún deseo frustrado, digamos que para confortarme cuando «algo salió mal». La segunda frase la utilicé de estandarte por años, insistiendo en que yo solo había nacido para trabajar, porque en eso sí era exitosa, no para el amor. Esos puntos de vista me afectaron en todos los ámbitos y me ha tomado años aprender las lecciones.

Claro, la vida siempre presenta retos a todos, no solo a mí, la diferencia es la actitud que, aceptémoslo, no siempre es fácil elegir mantener alta vibración, positivismo y elevada energía cuando las cosas no van bien. La ventaja es que cada vez que sucede algo, surge una oportunidad de levantarte, de seguir, es la ocasión de elegir que lo que sea que esté ocurriendo es solo una etapa y que siempre puede venir algo grandioso, y te prometo que no es un cliché. Desde luego, aún me cuesta mantener esa vibración y gratitud necesaria ante algunas circunstancias, pero, definitivamente, sí he avanzado, por ello, hoy quiero compartirte parte de mi vida, esperando que pueda contribuir a la tuya o de alguien que conozcas.

Siempre sonrío cuando he conversado con excompañeros de la escuela y me expresan su reconocimiento como estudiante, sin saber que sumergirme en los libros y cuadernos era mi terapia y medio de defensa. Es triste, pero cuando quiero recordar mi infancia y adolescencia, me resulta difícil encontrar momentos felices, así que, desde niña, me propuse que mis hijos no vivirían carencias económicas y crecerían en un ambiente amoroso, seguro, en una familia de papá, mamá e hijos, por supuesto, todos felices... mas olvidé de que la vida tenía lecciones para mí.

Tenía 25 años cuando era gerente de una sucursal en Banco Azteca, habían pasado seis años desde el abuso sexual del que fui víctima y del que me tardé un año en salir de la depresión, había vuelto a casa de mi mamá, debido a que quedaba más cerca su casa de mi trabajo en el Estado de México y yo vivía en la Ciudad de México. Sin embargo, tenía muchas diferencias con ella y con mi hermano, siempre pensé que mi mamá, de alguna forma, me responsabilizaba por el fracaso de sus matrimonios, uno con mi papá y el otro con su segundo esposo, además, digamos, por cultura familiar, el favorito era el hijo varón, y ese era mi hermano, a quien lo único que le interesaba era divertirse, y mi mamá lo protegía peleando conmigo, así que, emocionalmente, yo no estaba fuerte.

En esa época fue cuando conocí a mi exesposo, papá de mi hija, quien me encantó desde el primer momento, lo amé como una loca; él también me quería, así que unimos nuestras vidas, por supuesto, hoy estoy consciente de que debí tomar las cosas con calma, pero no lo hice. Nuestros primeros años juntos fueron muy bellos, vivíamos limitados económicamente, ya que yo lo apoyé para que ingresara a la academia de la Policía Federal de Caminos, con la intención de que más adelante ambos trabajáramos por nuestra familia. Nació mi hija, mi exesposo se graduó, nuestra situación económica era muy diferente ahora, así que compramos una casa y autos; sin embargo, jamás conté con el hecho de que, al integrarse al trabajo, él empezaría a necesitar diversión y mujeres, yo sospechaba de sus aventuras, pero se encargaba de decirme que eran solo ideas mías, mientras, yo seguía enfocada en el trabajo y fui ascendiendo cada vez más en el banco.

Para cuando me nombraron CEO en Honduras tuve que vivir en aquel país, así que me llevé a mi hija, quien tenía medio año de vida, y a mi mamá, que ya estaba prácticamente sola, debido a que mi hermano ya vivía con su esposa. Mi exesposo nos visitaba cada mes durante cinco días, nosotras entrábamos y salíamos del país cada tres meses por cuestiones migratorias y aprovechábamos para estar en México un par de días. Un día, gracias a la esposa de uno de sus primos, comprobé que mi exesposo tenía un año de relación con una mujer casada, él reaccionó mal y me agredió verbalmente con frases como: «Me da gusto que sepas que ya estoy con el amor de mi vida. Alguien que sí está a la altura del muñeco, ¿ya la viste?; ahora mírate en un espejo».

Me sentí la mujer más fea e insoportable del mundo, perdí totalmente la poca autoestima y amor propio que tenía. Solo me quedaba irme y dejar esa relación, lo que le provocó más enojo, y me expresó que dudaba ser el papá de mi hija, por lo tanto, se olvidaría de ella, ¿te imaginas? Me sentía una cucaracha, pero, como toda mamá, estaba dispuesta a defender y hacer respetar a mi hija, así que busqué un abogado para iniciar los trámites legales, al volver a Honduras, algunas semanas más tarde, mi exesposo me llamó para reclamar por la demanda, asegurando que no le daría un peso a mi hija porque no era suya. El abogado siguió con el proceso mientras yo estaba destruida emocional y sentimentalmente por el desamor.

Pasaron unos meses y, en una de las salidas de Honduras de mi mamá, a mi hija, al intentar volver, no la dejaron abordar el avión, ya que su pasaporte tenía 5 meses, 26 días de vigencia, así que pasé un par de meses sola en aquel país. Profesionalmente, estaba mejor que nunca, era CEO de un banco en un país, económicamente me iba bien, pero solo veía por video a mi hija o la escuchaba por teléfono, recuerdo cómo lloraba todas las noches al llegar a casa y ver que no estaba, trataba de trabajar todo el tiempo, pero a veces mi asistente tenía que cerrar la oficina porque yo lloraba sin darme cuenta. Por fortuna, esa tortura terminó algunos meses después, cuando se pudo renovar el pasaporte de mi hija al negociarlo con mi exesposo.

Debo reconocer que mi actitud ante todo lo ocurrido era de lo peor, renegaba, me victimizaba, y eso no ayudaba en nada.

Pasaron apenas un par de meses y un día asistí a un funeral de un colaborador, al terminar, me secuestraron, pensarás que es de película, pero, afortunadamente, un familiar de quien me secuestró se desmayó en la camioneta en la que me llevaban, así que fuimos al hospital, la gente del *staff* que trabajaba conmigo se había alarmado y siguieron a la camioneta, el hospital no era muy grande, pasaron a la joven a urgencias y creo que fue cuando se descuidaron, no supe cómo, sin embargo me ayudaron a salir, recuerdo que iba en un carro, agachada en el asiento, y por teléfono pedí vuelos a México para mi mamá y mi hija, quienes salieron del país ese mismo día.

Es difícil expresar lo que sentía cuando las vi caminar en el aeropuerto, mi mamá asustada, sin saber por qué tenía que irse sin fecha de regreso, y mi hija tan pequeña, no sabía si las iba a volver a ver, no sabía lo que iba a pasar, pero tenía que trabajar. Jamás volví a pisar la casa donde vivíamos, me daban posada en diferentes casas, siempre viajando en diferentes autos, hasta que un día, sentí un dolor horrible y fui al médico, el diagnóstico fue devastador, ameritaba una cirugía y quimioterapias, y ocurrió el golpe de Estado en aquel país. Así que decidí volver a mi México para recuperar la salud cerca de mi hija.

Sinceramente, al luchar contra la enfermedad y volver a tener cerca a mi hija, no me daba tiempo de sufrir por mi exesposo, no sé, solo sé que un día, que recordé lo ocurrido con él, me di cuenta de que ya no lo amaba, no lo odiaba, solo deseaba que conviviera con mi hija. Mi exesposo, en cambio, se movilizó todo lo que pudo para llevar al porcentaje mínimo la pensión alimenticia, se casó y volvió a ver a mi hija, tal vez, dos o tres veces. Gasté mis energías y ahorros en recuperarme, pero lo conseguí y toqué la campana, así que estaba dispuesta a vivir plenamente para mi hija y trabajar.

Me establecí en la Ciudad de México, por supuesto, busqué un colegio para mi hija, quería el mejor, porque tenía que cumplir mi propósito de que ella no viviría lo que yo, así que nunca escatimé dentro de mis posibilidades, y trabajaba muy duro para ello. Mi hija Daniela ingresó a uno de los mejores colegios de México, estaba en segundo grado de primaria, de pronto, al segundo mes de iniciar el ciclo escolar, me citaron con urgencia en el colegio, me pidieron que llevara a mi hija a un instituto neuropsicopedagógico, debido a que no podía hacer amigos, lloraba al estar junto a un adulto, era distraída y no tenía buen rendimiento escolar; le hicieron estudios, análisis y entrevistas durante dos meses, al fin me dieron el diagnóstico: TDAH, trastorno de negatividad oposicionista, baja autoestima, sentimiento de abandono y no sé cuántas cosas más.

Ese fue un verdadero golpe, te juro que se me estremeció el corazón, en ese momento lo supe: la peor mamá del mundo, yo la veía en el espejo todos los días. En el colegio, para ayudar, cambiaron de grado a mi hija a primero y tenía que seguir al pie de la letra el tratamiento correspondiente, así como las terapias, aunque me daban pocas esperanzas de que ella pudiera estar bien. Cumplí con las terapias, pero jamás mediqué a mi hija, yo también asistí a terapia, y además me certifiqué en PNL, Theta Healing, Método Integra y Access Consciousness, con la intención de aplicarlo conmigo y mi hija, estaba dispuesta a todo para ayudarla.

Te cuento con mucho orgullo que mi hija, tres años después, era otra, se volvió altamente sociable, le va bien en la escuela, le encanta practicar en el equipo de porras, acrobacia aérea, así como el ajedrez; yo aprendí a realmente ser mamá y no solo proveedora. Fue imposible evitar pensar que yo pude ayudar a mi hija porque tenía ahorros, pero ¿cuántas mujeres se enfrentan a la misma situación solo que sin posibilidades económicas?

Un año después, salí de Banco Azteca, institución a la que le agradezco eternamente las oportunidades que me dio, siempre trabajé con la filosofía de que si cuidaba a quienes colaboraban conmigo y mejoraban sus ingresos, ellos cuidarían a los clientes para no sobreendeudarse y pagar oportunamente.

A partir de mi salida de Banco Azteca, mis horarios fueron menos absorbentes, así que puse más atención en el mundo y me di cuenta de que muchas personas piensan que sus preocupaciones son por el dinero y que yo, aunque quería ayudarles, tenía que trabajar para mi familia. Fue entonces que me comprometí a dar talleres de educación financiera de manera voluntaria en horarios no laborales, acción que cada vez me gustó más. Encontré mi vocación, así que me preparé y certifiqué para brindar información y servicio de alto valor, sin dejar de capacitarme. Desde hace unos años, me dedico totalmente a enseñar a otros a gestionar correctamente su dinero para después multiplicarlo a través de diferentes instrumentos de inversión, con todo el amor comparto el don de Midas que vive en mí.

Retomando las preguntas que te comenté al inicio de este escrito, te confieso que ya no las uso, ni siquiera las creo, porque estoy segura de que poseemos todo lo que deseamos, solo debemos estar listos para recibirlo y aprender a manifestarlo.

Aún tengo muchos sueños, anhelos y aprendizajes que vivir; por fortuna, mi familia me acompaña e impulsa, un esposo amoroso que me ha demostrado que un hombre sí puede respetar a su pareja, una hija que me ha dado grandes enseñanzas, despertando amor incondicional desde su nacimiento, y mi madre, quien no se cansa de sentirse orgullosa de nosotros.

Hoy estoy convencida de que, si bien todos los días tengo el poder de elegir y, desde luego, esa elección me lleva a prescindir de algo que no seleccioné y a vivir las consecuencias por esa decisión, siempre puedo volver a elegir; siempre te puedes levantar, solo necesitas decidirlo, tomar acción y permitir que Dios, o aquello en lo que crees, te acompañe.

Gracias por leerme, te quiero.

# BIOGRAFÍA

Bet Santamaría estudió la licenciatura en Contaduría y, poco antes de terminar de cursar su carrera, descubrió que el mundo financiero es su pasión, especializándose con diplomados y certificaciones en finanzas y una maestría.

Se integró al mundo financiero laboral cuando participó en el proceso de liquidación de Banrural, y dos años después, fue invitada para trabajar en Banco Azteca como cajera, posición que muy pronto escaló, ocupando diversos puestos por su dinamismo y cumplimiento de metas, en el año 2006, un mes después de que naciera su única hija, Daniela, fue nombrada Gerente Regional, debido a sus buenos resultados, en poco tiempo, recibió esa llamada mágica en donde era convocada por el Director General del banco a prepararse porque era candidata para ser CEO, por lo que en 2007 era CEO de la misma institución financiera en Honduras.

Al enfrentarse a una terrible enfermedad, decidió volver a México para tomar el tratamiento correspondiente y, al mismo tiempo, gestionar lo relacionado con la custodia de su hija, situación derivada de su separación familiar.

Una vez dada de alta, se dedicó totalmente a su trabajo, pensando en ser un buen ejemplo y guía para su hija, reincorporándose al banco, donde se le asignó una Dirección de Operaciones en los estados de Michoacán y Guanajuato, con excelentes resultados, por lo que fue promovida como

Director de Negocio con base en la Ciudad de México en el año 2011, puesto en el que manejó diversos negocios hasta su salida de dicha institución; posteriormente, se integró a trabajar como Director General Adjunto en otras instituciones dedicadas al otorgamiento de crédito, ahorro, empeños, planes de retiro e inversiones, en donde tuvo la oportunidad de certificarse en Educación Financiera e Inversiones, funciones que combinaba con su trabajo desde 2014; poco después, conoció a su actual esposo, con quien formó una nueva familia en donde juntos cuidan de Daniela, integrando siempre a María Esther, madre de Bet.

A partir de 2019, decidió contribuir verdaderamente e inició su emprendimiento como Consultor en Educación Financiera, experta en Inversiones y en 2020 como Agente de Seguros, además, trader profesional. Aporta información de valor en la página «Reinventarse», y en revistas como «Reconocer Magazine».

Galardonada con el Premio Forjadores de México 2021. Reconocida por el Colegio Iberoamericano y Condecorada por el Claustro Doctoral Iberoamericano como Dr. Honoris Causa en 2022. También ha participado como conferencista en diversos eventos.

## Redes sociales

https://www.facebook.com/BetSantamariaFinanzas?mibextid=LQQJ4d

https://instagram.com/betsantamaria_finanzas?igshid=YmMyMTA2M2Y=

www.tiktok.com/@betsantamaria

# CON LOS TACONES PUESTOS
## POR BIRMANIA RÍOS

La palabra que mejor me define como persona es la resiliencia, esa capacidad de adaptarme a las situaciones adversas, a doblarme sin romperme y a seguir adelante como lo hacen los atletas en las carreras de obstáculos. Mi historia no tiene un antes y un después de una situación dramática o una infancia frustrada, más bien, ha sido marcada por momentos y situaciones que han puesto a prueba mi fortaleza y mi capacidad de superación. Puedo decir que tuve una infancia normal y feliz, a pesar de la separación de mis padres, que ocurrió cuando yo tenía 4 años. En ese entonces vivía en Nueva York, ciudad donde nací, y mi madre, que había emigrado de República Dominicana, decidió irse conmigo a Puerto Rico. Ya que era una mujer de gran fortaleza, trabajadora, activa e ingeniosa, logró prosperar allí y darme una vida, si bien no de lujos, sí con comodidades y, sobre todo, una buena educación.

Mis años de infancia y adolescencia transcurrieron entre vacaciones a la República Dominicana y, de vez en cuando, a Nueva York. Cuando terminé la universidad en la carrera de Comunicaciones, decidí que Nueva York era mi ciudad, y así llegué a la Gran Manzana a forjar mi propio camino, sola. Desde el momento en que supe que la televisión era mi vocación, comenzó la lucha por querer llegar. Hacía lo que fuese necesario para estar en el lugar donde hubiese la oportunidad que un día llegó. Comencé en la cadena Telemundo, como presentadora de las condiciones del tiempo, de ahí pasé a Univision, donde, tras mucha insistencia de mi parte, me dieron la oportunidad de salir a la calle a reportar. Luego fui presentadora de noticias y, posteriormente, corresponsal nacional.

No voy a negar que hubo personas que quisieron ponerme trabas o trataron de desalentarme diciendo que yo no llegaría a hacer esto o que nunca me darían la oportunidad de ser lo otro. Sin embargo, yo nunca he creído en los «no», más bien son como un combustible que me da más fuerza para persistir. Pero hay cosas de las que no tienes el control, sobre todo si se trata de la salud. A través de los años, y en medio de mi trayectoria profesional, me ha tocado hacer pausas debido a una situación médica. La primera ocurrió cuando tenía 20 años. Me brotó un quiste en la base de la lengua que no me permitía tragar. Fue necesaria una intervención quirúrgica y, durante el mismo proceso de recuperación, el quiste volvió a salir, lo que requirió de otra operación más invasiva y dramática, por demás, a la que le siguió recuperación lenta y dolorosa. No pasó mucho tiempo después de ese episodio, cuando me dio una peritonitis aguda, que fue necesario operarme de emergencia. Años después, estando ya trabajando como presentadora de noticias y casada, me detectaron unos fibromas enormes que, según decían, iban a poner en riesgo mi fertilidad. Así que decidí intentar quedar embarazada con todo y fibromas, y así fue. Valentina, la luz de mis ojos, nació por cesárea el 29 de noviembre de 2002, sana y hermosa, pero yo quedé totalmente devastada, con la hemoglobina en el suelo y requiriendo de transfusiones.

Por cosas de la vida, mi matrimonio llegó a su fin cuando Valentina tenía 4 años. Aunque fue una separación amistosa, no dejó de ser traumática. Comenzar de cero sola, con una niña, no fue nada fácil, y a eso hay que sumarle los problemas de salud que seguían ahí. Todavía tenía los fibromas y con los años me daban más y más problemas, dolores y hemorragias que resultaron en una anemia crónica, la cual tuvo que ser tratada para luego operarme... una vez más. En esta ocasión, fue necesaria una histerectomía parcial, ya que mi útero estaba deforme debido al fibroma más grande. Todas estas situaciones las he enfrentado con valentía, fe y la seguridad de que serían superadas y, sobre todo, con muchas ganas de disfrutar la vida. A mis amigos y familia siempre les llamaba la atención que, a varios días de una operación, ya yo estaba *entaconada* y maquillada, como el que va para una fiesta. No sé por qué, pero estar maquillada y con mis zapatos de tacón alto me hace sentir en control y me da seguridad, y esas cualidades, te aseguro, hacen a una mujer atractiva e interesante.

En 2011 volví a encontrar el amor y al compañero que, hasta el día de hoy, ha sido mi apoyo constante. A él también le ha tocado ser testigo de mis situaciones de salud. En 2013 me sometí a una operación para extirpar todos los quistes y masas que tenía acumulados en ambos senos. Y cuando pensaba que ya había acabado con el ciclo de las operaciones, en 2015 me detectaron un tumor en el esófago que, según los médicos, era del tamaño de una toronja. Aunque, afortunadamente, era benigno, me estaba haciendo presión en varios órganos, incluidos el corazón y un pulmón. Una vez más, estaba yo con la bata del hospital y un suero esperando para ser ingresada al quirófano. El éxito de esa cirugía me permitió seguir con mi vida normal, mi trabajo, mi hija y mi pareja. Pero la vida es un constante sube y baja.

En 2018, después de 25 años trabajando para la cadena Univision, me llamaron un día a la oficina de Recursos Humanos para comunicarme que, debido a despidos masivos por cortes de presupuesto, ese era mi último día en ese empleo. No voy a negar que es un golpe que te deja paralizada por unos días, no obstante es ahí cuando mi naturaleza resiliente y mi capacidad de volver a levantarme (tacones y maquillaje puestos), no me permiten quedarme estática. Inmediatamente, comencé a trabajar en mi plan B. Me fui a Washington D.C. por una semana para obtener una acreditación de la Protocol School of Washington, y decidí emprender mi propio negocio. Utilizaría mis talentos como comunicadora para educar a los latinos, especialmente las mujeres, en el área de etiqueta y mejoramiento personal. Tiempo después, me ofrecieron trabajar para NY1 Noticias, como presentadora del fin de semana y lo acepté.

El negocio fue un proceso de aprendizaje sobre la marcha, después de todo, yo siempre he trabajado en el área creativa, y descubrí que era necesario aprender de *marketing* y ventas, entre otras cosas. Realmente fue un reto y yo estaba determinada a asumirlo. Pero como dicen, uno propone y Dios dispone... La pandemia fue una etapa oscura para todos, y cada cual la vivió y la superó a su manera. En mi caso, tuve que vivir muchas situaciones en mi casa. El negocio tuvo que ser puesto en pausa.

Comencé a hacer el noticiero desde casa, donde tenía a una adolescente a quien el confinamiento no le permitió tener graduación y mucho menos fiesta ni reuniones con amigos, lo que añadía tensión al caso. Yo enfermé de COVID-19, el cual me desató un problema de psoriasis que me provocó una decoloración en la piel alrededor de los labios, situación que me estresaba y deprimía, ya que, en un principio, pensaba que se trataba de vitiligo.

La situación de salud de mi papá, que ya era delicada debido a una diabetes —que lo tenía obligado a diálisis tres veces por semana—, empeoró al punto que fue necesaria una amputación en parte de un pie. Todo esto con las limitaciones de visitas debido a la pandemia. Hasta que él mismo decidió sucumbir a la enfermedad, algo muy difícil de procesar para mí.

Mi padre falleció el 28 de diciembre de 2021. En medio de toda esta locura, yo necesitaba ocupar mi mente en algo que fuera productivo y que me alejara de los pensamientos tristes. Entonces, como siempre he sido amante del vino, comencé a estudiar y a aprender sobre el tema y, a la vez, compartir los conocimientos a través de las redes sociales. En un principio era un tipo de terapia que poco a poco se fue convirtiendo en algo más grande. Hoy puedo decir que, después de 30 años de carrera como periodista, he descubierto otra gran pasión: la del mundo de los vinos. Actualmente, estoy en un nivel avanzado en el campo del vino. He logrado hacer importantes colaboraciones con denominaciones de origen, que incluso me han llevado a viajar a conocer sus viñedos; próximamente, comenzaré a impartir mis propios cursos y a organizar tours de turismo enológico. A veces me cuesta dormir de noche, pensando en ideas, planes y sueños por conquistar. Es ahí donde radica el poder de la resiliencia, la capacidad de seguir adelante en medio de la incertidumbre. El saber que, aunque no puedes hacer que los problemas desaparezcan, tienes la facultad de ver más allá de ellos. No podemos controlar lo que nos pasa en la vida, pero sí la capacidad de cómo reaccionar ante ello, así como la facultad de buscar siempre la manera de superarte, de aprender, de ser feliz y hacer felices a quienes te rodean, de amar... de vivir.

*En la adversidad nace la oportunidad.*

MUJERES QUE SE ATREVEN Y SUPERAN LÍMITES

BIRMANIA RÍOS

# BIOGRAFÍA

Con 30 años de experiencia en la televisión hispana de Estados Unidos, Birmania Ríos ha dedicado la mayor parte de su vida al periodismo, convirtiéndose en uno de los rostros más conocidos y queridos de los latinos, en especial los que residen en la ciudad de Nueva York. Nacida en Nueva York, de padres dominicanos, Birmania estudió Comunicación Masiva en la Universidad del Sagrado Corazón en Puerto Rico, donde vivía desde que tenía 4 años hasta que decidió regresar a la ciudad de Nueva York, donde inició su carrera profesional en 1992 como presentadora de las condiciones del tiempo del noticiero local de Telemundo 47.

Entró a la cadena Univision donde laboró por casi 25 años, destacándose primero como presentadora del tiempo y conductora del programa sabatino «Sábado al Medio Día», luego como reportera de asignaciones generales y posteriormente como presentadora del noticiero «Noticias 41 Al Despertar». De ahí, dio el salto a la cadena nacional para destacarse como corresponsal del programa matutino «Despierta América», puesto que ocupó durante 15 años hasta 2018. En la actualidad, se destaca como presentadora de noticias en NY1 Noticias de Spectrum News. A través de su trayectoria, Birmania ha recibido múltiples premios y reconocimientos, los cuales incluyen el codiciado premio Emmy, además de otras dos nominaciones al mismo galardón. Su afición por el mundo del vino la llevó a educarse en ese campo, completando el nivel 3 de la Wine and Spirit Education Trust de Londres, una de las más prestigiosas escuelas de enología en el mundo. Sus plataformas sociales, actualmente, las dedica a comunicar y educar sobre el mundo del vino.

Birmania también ostenta una acreditación como educadora en etiqueta y protocolo intercultural, otorgada por la Protocol School of Washington. Su profesionalismo, talento, carisma y cercanía con el público la convierten en una de las periodistas dominicanas más respetadas y queridas de la industria de las comunicaciones.

Redes Sociales

Birmaniarios.net

@birmaniarios

# EL PODER DEL ENFOQUE
## POR CARMEN GONZÁLEZ

Enero de 1997.

Un día de enero estaba disfrutando de una tarde calurosa y soleada. Recuerdos extraordinarios que tengo en mi memoria, me encontraba sentada en el jardín de mi casa bajo la planta de jazmín, una flor que tiene un aroma inconfundible, siempre me transmitía una sensación de paz y tranquilidad, especialmente su delicada fragancia frutal. Te cuento que el calor en mi bonita ciudad de Asunción, Paraguay, es bastante húmedo, provoca siempre una sensación de refrescarse con algo bien frío.

En ese momento yo estaba analizando y pensando en mis ideas, sueños de adolescente y proyectos, de repente sonó el teléfono, cuando respondí la llamada, era un familiar mío dándome la maravillosa noticia. El viaje tan anhelado que estaba esperando durante unos meses, por fin se iba a realizar.

En esa semana tuve la oportunidad de compartir momentos muy agradables con mi familia y amigos. Recuerdo que escribí un diario con todas mis metas y sueños que tenía pensado realizar. Mis enfoques en mis sueños fueron más intensos, siempre fui una persona especial en mi familia. Yo siempre estaba segura de lo que quería en la vida, desde muy chiquita tuve muy claro lo que debería de realizar en la vida. Creciendo bajo el cuidado de mi abuela, todas sus enseñanzas, amor, calidez y dedicación me ayudaron a confiar y creer más en mí misma, me hizo una mujer más fuerte, luchadora y determinada. Siempre rememoro una de sus enseñanzas, me decía: «Hija, en la vida debemos de tener dos profesiones, cuando una puerta se cierra, otra se abre». ¡Qué bonitas palabras! Crecí en una familia católica con una base espiritual muy intensa, con creencias y la fe en Dios. Asistía a misa todos los domingos, y lo sigo haciendo hasta hoy, eso me ayudó a guiarme en la vida.

Finalmente, llegó el momento, un lunes del mes de enero, por la mañana, arribé a la ciudad de Nueva York. Fui recibida por un familiar mío, en ese instante me pellizqué para darme cuenta de que no estaba soñando. Lo más impactante que experimenté fue el invierno brutal que pasé los primeros meses. Desde ese momento empezó la nueva etapa de mi vida, como emigrante tuve mucha dificultad de adaptarme a la nueva vida que escogí. Tal vez para otras personas no resultó tan complicado. Recuerdo que yo no hablaba ni siquiera una sola palabra en inglés, pasé momentos muy duros los primeros meses tratando de comprender lo que la gente decía, eso me hizo sentir impotente. Con la determinación de aprender el idioma lo más pronto posible, empecé mis clases los domingos por tres horas. Me sentía realizada con solo saber que era el inicio de mis metas y sueños. Mi siguiente paso fue buscar trabajo; pero como adolescente y sin hablar el idioma, me resultó más complicado de lo que me imaginaba; pedirle a Dios que me guiara en mi camino, me ayudó a seguir en un país tan duro, digo duro porque yo sé que a muchas personas tal vez les tocó pasar por cosas más difíciles. Conseguí un trabajo de niñera, trabajaba durante el día y durante la noche estudiaba inglés. Eso me dio la oportunidad de practicar este idioma con los niños, me ayudó bastante. Por lo menos tenía un trabajo y podía cubrir los gastos del hogar y ahorrar dinero para seguir mi educación.

Cuando pensé que todo estaba marchando bien en mi vida y enfocándose en mis propósitos, recibí la desafortunada noticia de que mi adorada abuela había fallecido, eso sucedió seis meses después de residir en la ciudad de Nueva York. La muerte de mi abuela cambió mi vida por completo; la Carmen tan alegre, segura y enfocada en todo, se transformó en ese momento. Estaba desconsolada por no poder tener la oportunidad de despedirme de mi bella abuela. Sentí una tristeza en el alma y en el corazón, lo sucedido me llevó a una fuerte depresión; había momentos en los que no podía levantarme de la cama. Sin amigos y sin conocer a nadie en el país, me resultó más complicado viviendo sola. Mi familia se regresó a mi país. Mi creencia en Dios fue un apoyo espiritual importante para sanar la herida, pero solo fue parte de la ayuda; orgullosamente digo que la otra parte fue acudir a una ayuda profesional, estuve en terapia por un año, eso definitivamente me benefició a superar mi crisis. Lo que aprendí de esta experiencia fue que es importante acudir por asistencia. Muchas personas se sienten avergonzadas y, por miedo de expresar sus sentimientos y problemas, se quedan en silencio y sufriendo, tal vez a otras personas les resulte complicado poder pedir apoyo.

Una vez superada la crisis y recuperándome física y mentalmente, puse todo mi enfoque en mi proyecto. Por circunstancias de la vida, compartí apartamento con otras personas. Lastimosamente, algunas con quien vivía me demostraron ser una cosa, pero en realidad resultaban ser muy tóxicas. Pasé momentos difíciles, sin embargo eso me hizo más fuerte para saber escoger con quién convivir la próxima vez. Ya solventados todos los obstáculos del idioma inglés, empezó mi verdadera meta de superar mi educación.

Siguiendo mi trabajo como niñera, que me ayudaba financieramente para pagar mis estudios, comencé a estudiar de noche clases de GED en inglés, que es el equivalente al diploma del high school en los Estados Unidos. Preparándome durante un año con las clases, ya estaba lista para tomar el examen, lo hice y lo pasé. Les comento que eso me hizo sentir más empoderada y con más ganas de superarme. Pero eso era solo el primer paso, durante el proceso conocí personas que me aconsejaron y ayudaron para seguir subiendo la escalera y dar el paso más importante en mi vida.

Unos meses después de obtener mi diploma de GED, apliqué para la universidad en la ciudad de Nueva York. ¡Qué emoción! Fui aceptada en una universidad de la comunidad en Manhattan. Estudiaba de noche y fines de semana, y trabajaba de mañana, con mucho empeño, dedicación y muchas horas de estudio. Pasaba días que tenía que estudiar todas las noches y sin dormir iba al trabajo al día siguiente, pero ese era el sacrificio que tenía que hacer para poder obtener mis metas.

Estando en la universidad, conocí a gente de diferentes lugares del mundo. Me di cuenta de que muchas mujeres tenían el mismo propósito: poder superarse en la vida y realizar sus metas para hacer una gran diferencia en este mundo. No importa de qué país seas o qué idioma hables, lo importante es que tengas las fuerzas y las ganas de sobresalir, como yo lo estoy haciendo.

Continué mis clases en la universidad de negocios en Manhattan, seguí estudiando y capacitándome en la carrera de Mercadeo. Después empezó la pandemia y me tocó continuar mis clases online. Ya estoy por graduarme muy pronto. También estoy estudiando para obtener mi certificado de profesionalismo en té, es una de mis pasiones que tenía escondida, pero que descubrí y despertó durante los días de encierro.

La pandemia me ayudó a ver la vida de otra manera, y creo que a muchas personas les sucedió lo mismo. Me di cuenta de que en un abrir y cerrar de ojos todo se termina. El no poder ir al trabajo, creo que nos abrió muchas puertas para tener otras ideas y realizarlas desde casa y online. Eso sucedió conmigo, me puse a estudiar para expandir mi conocimiento acerca de té y ver la posibilidad de algún día poder abrir mi negocio.

Hoy en día me siento más fuerte que nunca, a todas las mujeres les digo que sí se pueden realizar los sueños y metas en la vida. No tiren la toalla, por más difícil que sea la situación, sean positivos y optimistas. Tengan mucha determinación y verán que lo lograrán. Con mucho orgullo les comento mi historia, una mujer latina que lucha para sobresalir en los Estados Unidos. Lo que pasé todo este tiempo sola en este país, sin el apoyo de nadie y sin familia, algunas veces me despertaba preguntándome: «¿Qué estoy haciendo sola aquí?». En ocasiones tenía ganas de tirar la toalla, dejar todo tirado y salir corriendo. Pero después me ponía a analizar y a pedirle a Dios que me diera la fuerza para seguir. Superar todo lo acontecido no fue fácil para mí, especialmente en los momentos que me sentía vulnerable y triste de no poder compartir mis logros con mi familia por la distancia que nos separa. Buscaba la forma de sentir su apoyo de con llamadas telefónicas y videollamadas para sentirme más cerca de ellos.

Lo que pude comprender de todo esto fue que todos pasamos momentos duros en la vida y que eso nos enseña a crecer y superar impedimentos que, lastimosamente, por circunstancias de la vida, como seres humanos, nos suceden. Me hizo que confiara más en mí y aprendiera a aceptar cada paso que tuve que dar para llegar donde estoy ahora.

Aportar parte de mi tiempo para mi comunidad me ayudó bastante a superar el vacío que sentía de no poder estar con mi familia. Asistir a misa todos los domingos me ayudó a conectarme con mucha gente, formé parte de la comunidad de jóvenes en la iglesia; era voluntaria en eventos sociales y asistía a jugar bingo con las personas del hogar de ancianos, verlos sonreír es maravilloso. Además de ser voluntaria, también participo en obras de caridad para ayudar a las personas necesitadas y en diferentes obras más. Esta bonita experiencia me cambió la vida. ¿Cómo? Transformó la forma de contemplar todo lo que tengo alrededor mío. Ser tan afortunada de tener salud, trabajo y la oportunidad de estudiar y superarme, cuando otras personas tal vez no lo son tanto para poder seguir sus deseos de sobresalir por diferentes motivos.

Tuve un aprendizaje durante mi proceso de crecimiento como mujer. Una luchadora que no se rinde y continúa la batalla por realizar sus sueños en un país de oportunidades. Espero poder llegar a todas aquellas que están batallando duro como yo lo hago. Mi mensaje es demostrar que el enfoque es sumamente importante. Yo siempre fui optimista, a pesar de tener días desagradables, nunca dudé de mí misma y de realizar mis proyectos que escribí un día en mi diario de adolescente. Estoy muy agradecida con la vida y Dios por fortalecerme y seguir creciendo espiritualmente. Todo es posible en la vida, pero solo depende de nosotras mismas.

Yo manifiesto mis sueños e ideas en mi mente, eso me conecta con mi objetivo y pasión de poder verlo realizado. Esto tiene un rol fundamental para el ser humano, creo que la mente es poderosa, como mencioné al comienzo de mi historia: El poder del enfoque.

Hoy en día tengo amistades que me apoyan y están conmigo en lo que necesito, pero no fue fácil conocer a las personas adecuadas con quien confiar tu vida, sueños, ideas y penas; en varias oportunidades me tocó lidiar con personas malintencionadas y egoístas que solo buscaban beneficiarse de uno.

Ahora tengo la oportunidad de seguir expandiendo mi educación, estoy concentrada en aprender más sobre el origen del té, sus beneficios, su historia, me gustaría poder aprender más. Todo mi aprendizaje para poder hacer llegar a las personas que comparten la misma pasión Algún día en el futuro deseo poder abrir mi negocio. Aspiro a abrir mi negocio de té online y poder ofrecer variedades con las que todas las personas puedan sentirse especiales consumiéndolo, para relajarse, poder disfrutar y desconectarse por un momento de todo lo que están pasando. Si Dios me lo permite, quiero poder seguir creciendo y algún día ofrecer mi producto alrededor del mundo.

Viviendo en la bonita ciudad de Nueva York, descubrí otra forma de poder enfocarme en mis metas, fue cuidarme mentalmente para no estresarme fácilmente en una ciudad tan grande. Hacer bastante ejercicio me motivó aún más. Me gusta correr al aire libre, me libera de cualquier estrés, me limpia la mente, me renueva. También la meditación forma una parte fundamental en mi día a día. Por eso creo que es importante cuidarnos mentalmente.

Cuando tenía alguna duda, me iba al parque cerca de mi casa, me sentaba a observar la puesta del sol radiante, los árboles verdes y el cielo azul, para buscar la respuesta en mi ser interior, en ocasiones me servía bastante y en otras, los consejos de mis amigos ayudaban.

Nunca me rendí ni dejé mis sueños, todo lo contrario; aspiro a muchas cosas más grandes en la vida, todo lo que me tocó pasar estos años sola, increíblemente, me hizo crecer como mujer y prepararme para poder afrontar cualquier incertidumbre que me toque. Expresar mis sentimientos tal cual es fue importante para mí. Ser sincera conmigo misma y con los demás me facilitó el apoyo de otras personas.

Estoy orgullosamente feliz y satisfecha de mis logros y el arduo trabajo que hice, por eso me gustaría volver a decirles que el enfoque, la determinación y las enseñanzas de mi abuela me llevaron a estar en donde estoy. Espero que mi historia te guíe en tu camino y te ayude. Recuerda: ¡El poder del enfoque es real!

MUJERES QUE SE ATREVEN Y SUPERAN LÍMITES

CARMEN GONZÁLEZ

# BIOGRAFÍA

Carmen González nació en la Ciudad de Asunción, Paraguay, una ciudad bastante húmeda durante el verano, emigró a los Estados Unidos desde que era una adolescente. Estudió Administración de Negocios, especializándose en la carrera de *Ma*

*rketing* en la Universidad de Negocios, Baruch College, en la ciudad de Nueva York. Continuó su educación de profesionalismo *online* por medio de cursos especializados. Formó parte de la organización de jóvenes de la Iglesia: Our Lady of Mount Carmel Román Catholic Church en Nueva York por tres años, donde continuó sus estudios de catecismo, donde logró hacer su confirmación.

Red  ales

https://www.instagram.com/carm_glove/

# MAREJADA FELIZ
## POR CAROLINA PÉREZ MASTRAPA

«A los muertos los vienen a buscar», me crie escuchando yo en una familia de mujeres isleñas, caribeñas, playeras, ni una sola era religiosa y nadie iba a misa, pero todas eran espirituales. Ellas tenían rituales, eran irreverentes pensadoras y, en su mayoría, dadas a los estudios de metafísica, el espiritismo científico, la orden rosacruz, la masonería, la santería, la brujería, las cartas del tarot y las monedas gitanas. Había curanderas, amantes del antiguo Egipto, médicas, dentistas, amas de casa, negociantes, exiliadas políticas, inmigrantes, polizontes, espías para la revolución y antirrevolución cubana (ambas), gerentes, famosas diseñadoras de velos de novia, modistas de alta costura, maestras, líderes y núcleos en medio de donde las pusieran. Ninguna era facilita de carácter. Todas eran complejas, misteriosas, mágicas, imponentes, sanadoras, poderosas y elegantes. De todas escuché de un modo u otro que «A los muertos los vienen a buscar», y eso, lejos de darme miedo, me tranquilizaba, pues a la salida no iba a estar sola.

**Perderle el miedo a la muerte**

Aprendí a aceptar con más calma que no me dejaban atrás ni yo los perdía del todo, al menos en la realidad universal. Pero me tomó muchos más años realmente comprender que esas visitas espirituales también podían guiarme para pasar del trauma al duelo y del duelo a la sanación. Hoy lo sé.

Al estar en modo trauma, me sentía desconectada de mí misma. Leyendo, estudiando y buscando ayuda, encontré la manera de volver a conectarme. Me «costó» todo mi presupuesto energético. Por eso, estos «cuentos cortos y completos» están en dosis pequeñas. En el trauma y en los duelos, el cerebro física, literal y metafóricamente puede digerir por poquito o se atormenta.

**Me duele para sentirlo**

Mi paso por los traumas y duelos más personales siempre trajo confusión, pérdida de memoria, no encontrar mis palabras, despistes, contracciones musculares y dolores físicos torturantes. Mi cuerpo habla cuando es tiempo de volver a sentir y sanar. Sanar es dejar de agarrarme a ese trauma para liberarme. ¡Que me duela para sentirlo y sanarlo! Ideal sería no sentirlo, pero en los traumas y los duelos, el sentir es lo que me va a salvar.

Cada vez, al sanar, volví a nacer, y lo he hecho en varias ocasiones. En «los partos», me arropaban marejadas bravas, felices, sucias, llenas de sargazos, y ese bamboleo terminó por despertarme. El momento de llamarme de regreso a la orilla llegó, Caro.

El duelo es una anarquía, pero hay que sentirla para sanar. Sé que sanar es conectar conmigo para volver a contar el cuento de ese trauma o duelo desde una mirada sanadora. Esa mirada se va limpiando poco a poco mientras vas sanando.

Nuestra salida del duelo a la sanación tendrá partes caóticas y partes ordenadas porque son pura naturaleza, caos y orden. Nunca se sentirá igual para dos personas que viven el mismo duelo o trauma. Por eso, soy compasiva conmigo misma, manteniendo mi práctica espiritual diaria. Me ayuda a sanar mis cuentos acerca de lo ocurrido. Es más una práctica que un gran evento.

**Las visitas**

Desde chiquita viví las visitas de los que ya existían del otro lado del velo. Sabía que de vivos no andamos solos y de muertos mucho menos. La muerte no me asustaba, pero las visitas llegaban en variedad de experiencias hermosas y otras totalmente aterradoras. Una tarde, a los 5 años, estaba en el jardín de casa y vi a una viejita darme una rosa. Llegué corriendo a buscar a mami para que viniera a verla. No había nadie. Yo aún tenía la flor en la mano. Luego, por fotos, descubrí que era mi bisabuela, muerta cuatro años antes. Estas visitas no le gustaban para nada a mi madre, que se moría de miedo con lo que yo veía. Siempre me repetía en susto y disgusto: «Eres como tu abuela Josefa». Claro, mi abuela era médium y una de las directoras de la Logia de Espiritismo Científico en Cuba. Eso, en vez de asustarme, hacía más divertidas las visitas.

**Estoy invitada**

Todos los veranos y navidades llegaba mi momento favorito, ir a Miami, Florida. Allí, mis primas y tía abuela tenían siempre una actividad mística a la que yo quería ir. Muchas veces eran todos adultos y yo la única niña. Al entrar a esos círculos espirituales siempre escuchaba: «Déjenla pasar que su abuela está dando el permiso, ella tiene entrada». Mi abuela no estaba viva. Y donde no entraban niños, siempre entraba yo. Donde el ritual no permitía entrada, «el muerto» (como le llaman algunos) pedía que entrara yo. Donde otros paraban porque se asustaban, yo vivía gozosa el susto.

En esa época, entre los 7 y 20 años, aprendí a mejorar mi interacción con mis destrezas espirituales. Mientras más veía lo invisible y soñaba mensajes para entregar, más entendía que nos visitan y vienen a buscar. Siento que desde este lado recibimos vidas nuevas que llegan al planeta, y del «otro lado» reciben a los que llegan al otro lado «de la fiesta». Eso, más que darme miedo, me tranquiliza.

**Deja de llorar**

Cerca de mis 15 años, mi tío Félix, el mejor amigo de mami y papi, sufrió un derrame y murió repentinamente. Yo estaba desconsolada. Al mes, me vino a visitar en sueños. Le dije: «Tío, pero tú estás muerto, ¿cómo estamos en la cocina de casa?». Con una suave sonrisa, me explicó que podía dejar de llorar porque él permanecía bien donde estaba. Me dijo que quería que lo viera para que dejara de llorar. Nunca más lo lloré y lo empecé a gozar en nuestra nueva comunicación entre los dos mundos. Estoy segura de que cuando llegue mi hora de salir de este planeta Tierra, tío Félix va a estar ahí. A mi salida, escucharé sus carcajadas que extraño con locura. Eso me alegra el susto.

## Pierde el miedo

Entre sueños y sustos fui perdiendo el miedo a lo invisible. Me daba mucho miedo de chiquita y a puro susto se me fue quitando. Hoy en día, convertí mi vida y mi negocio en un valiente estudio de ese paso a la vida y regreso a la muerte.

Estas teorías y creencias no tienen nada que ver con posiciones encontradas con ninguna religión. Todas son hijas de mi observación, mi vivencia y mi evidencia. Saber que me vienen a buscar y que no estoy sola. Más que antes, eso me hace celebrar los dulces misterios de la vida.

## Me vinieron a buscar

Esa noche hacía un calor de los de julio en el Caribe. Tenía 29 años bien vividos y había salido apurada luego de terminar de grabar, pues en esos tiempos era directora de arte para anuncios de TV. Me encontré con un grupo de amigos para cenar y recuerdo que pasé un hambre horrible viendo a los demás gozar de sus platillos. Yo era la única en dieta estricta para un evento. Eso sí, ¡estaba fabulosa! Pero en mi regreso a casa sufrí un accidente aparatoso. El carro se volcó y siguió desplazándose sobre el lado del pasajero hasta soldar las puertas contra la brea de la carretera. Lo sentí, me vinieron a buscar y no me dio miedo.

Sentí un manto magnético y tranquilizante que me sostenía mientras daba vueltas violentamente dentro de mi auto. El tiempo se iba deteniendo como en un efecto vacío. No vi la película de mi vida. Estaba feliz, conversando con dios universo. Hasta un chiste le dije entre risas: «¿En serio que me voy a morir con esta hambre?». Al salir del auto por una de las ventanas, la policía insistía en que fuera al hospital, pero la adrenalina no me dejaba sentir ningún dolor aún. Salí apurada de todos los procesos policiales y directo me fui a comer en el restaurante chino de la esquina de casa. ¡Me lo pedí todo!

Ese día de julio me vinieron a buscar. El mismo mes, sin embargo 10 años después de que a papi lo vinieran a buscar. De pronto sentía la presencia de algo que ocupaba espacio. Aun sin yo verlo, se seguía llenando el espacio y expandiendo su energía. Yo estaba de risas y conversación con esa presencia, quejándome del hambre y mi final. El momento me pareció largo, aunque tan solo fueron segundos. ¡Duró tanto para mí!

No me llevaron. Yo tenía la certeza de que habían llegado a buscarme. ¡Siempre he creído que al universo le dio gracia mi queja de hambre en medio de tal tragedia y me la perdonaron por graciosita! Recordar eso, más que dolerme, me conecta.

**Marejada feliz**

El 16 de noviembre de 2020 se anunciaba la lluvia de estrellas más espectacular del año, la lluvia de estrellas de las Leónidas. Se dice que salen de la cabeza de la constelación de Leo. Esta lluvia corre a toda velocidad desde el cometa 55P/Tempel-Tuttle, expulsando bolas de fuego. Su paso deja ver explosiones de color y luz que pueden brillar mucho más tiempo que un meteorito. Esa noche del 16 y la mañana del 17 de noviembre de 2020, su brillo debía llegar a su pico. Y en ese luminoso cielo, ante la fuerza bruta de la naturaleza y sus dulces misterios, se fue la Mastrapa. Se fue mi madre, a mis 45 años de edad se cerró el portal por donde entré a este planeta. Se fue en esa marejada feliz de estrellas.

## Sanando el cuento

Dos días antes, mi madre entró ya muy débil a un hospital. Lo que ella quería estaba claro. Dos días sin acceso a ella por la pandemia. Papi nos debe haber escuchado. Él había hecho su transición cuando yo tenía 19 años y ahora mami estaba por hacer la suya a mis 45 años.

Por eso, pienso que salió a toda velocidad desde las Leónidas donde, como buen Leo de julio, debe vivir en su *after party*.

Lo veo llegando en su nave intergaláctica, en esa lluvia de estrellas para iluminar mejor a mami y encontrarla más rápido. De seguro con algún chiste mongo y pavera abrió la conversación con ella. Mami, desde que murió papi, le decía: «¡Hugo, por tu vida, no te me vayas a aparecer!». Ese reencuentro tiene que haber sido, literal, fuera de este mundo. Saber que también lo puedo contar así, me sana.

## Vuelve y pasa por mí

A la mañana siguiente del «rescate», mi madre cubana saludó por última vez a Puerto Rico. Lo nunca antes visto en la Laguna del Condado: esa mañana pasó una tromba marina por aquella costa norte en la capital de PR. Enseguida pensé: «Pasó a despedirse».

La Mastrapa salió en su viaje sideral al día siguiente, el 17 de noviembre de 2020, porque andaba de visitas. Papi siempre se perdía y nunca quería parar a preguntar. Me da risa imaginar ese camino. Sé que la vinieron a buscar y no se fue hasta visitar a sus mil hijos e hijas que «adoptó» en la vida. Esa mañana me vino a ver en forma de rocío. Me traspasó, me arropó y cubrió como una escarcha húmeda de luz.

A dos años de su partida, sanó mi miedo a su miedo a morir, mi dolor por su desconsuelo, mi autorreproche irrelevante, pues todo era parte de su plan en orden divino. Su amor, Huguito, la buscó en una marejada feliz para llevarla a enterarse de los dulces misterios de la vida.

Ya luego de sobrevivir mi propia marejada brava, cuando siento las visitas y siento su rocío, escucho mi corazón cantar en son de velorio caribeño, caótico, feliz, en lágrimas y festejo la canción de Tite Curet Alonso:

*Potente cual marejada fue su amor*

*La playa de mi cariño la arrasó*

*En mí fue tan dolorosa que es mi vida*

*Llorar por aquella despedida.*

*Marejada feliz, vuelve y pasa por mí.*

*Aún yo digo que sí, que todavía pienso en ti.*

### Radiante expansión

Así crecí, escuchando, viendo y viviendo el más allá en el más acá. Sin miedo al miedo, porque las expansiones siempre duelen y son parte natural de la vida humana. Así crecí y me hice una caribeña a la que se le nota lo vivido, lo bien vivido y lo bien sufrido. Se me notan las contracciones y expansiones por las que voy pasando, según sigo adentrándome en mi camino espiritual, que guía mis estudios científicos acerca de nuestra condición humana. Ser quien soy me tranquiliza hoy en día y amo guiar a otros en esa búsqueda de estar en paz con ellos mismos y rendirse ante la marejada feliz.

Un duelo, un trauma, una transición, un cambio o un dolor pueden significar diferentes cosas para dos personas experimentando el mismo evento. Mi práctica diaria de *reiki*, combinada con el yoga, nadar, explorar, reír y bailar, me apoyan mientras refuerzo a familias que están ante un mismo evento de vida, pero viendo cosas totalmente diferentes. Los ayudo a lograr contarse, los unos a otros, lo que cada cual está viendo, viviendo y sintiendo.

Hago esto mientras les enseño la práctica de autorregulación *reiki*, que hoy en día se usa por el ARMY, salas de operaciones, consultas de psiquiatra y en muchos escenarios médicos donde hace falta una respuesta que no se encuentra solo en el cuerpo físico. El *reiki* viene a atender esa comunicación entre nuestra energía, el abstracto que llamamos espíritu y el cuerpo material que habitamos. Esta práctica me ayudó a salir de dolor crónico, ansiedad y depresión. Además de la autodestrucción que arropa a una persona atrapada en la respuesta traumática sin lograr sanar para ver mejor, escuchar mejor y sentirse mejor. Soy la *life coach* y mentora *reiki* que guía en ese proceso de volver a darnos permiso para sentir antes de soltar y regresar a eso que yo llamo ¡la fiesta de la vida!

MUJERES QUE SE ATREVEN Y SUPERAN LÍMITES

CAROLINA PÉREZ MASTRAPA

# BIOGRAFÍA

Carolina Pérez Mastrapa, CEO de Radiante Expansión, una escuela para sanar cuerpo y energía. Ha logrado, con mucha dedicación, sus grados en M.A. Traducción, M.A. en Time-Line NLP Coaching, M.A. en Liberación de Trauma, Master Reiki y Maestra de Yoga RYT200.

Caro ama enseñar la importancia de la autorregulación, al momento de pasar del trauma al duelo, y llegar a sanar. Enseña online y en persona a madres empresarias, jóvenes y familias. Nacida en Puerto Rico y de familia cubana, hoy vive en Leander, Texas, con su hijo, esposo y su perrita Lola. Es autora best seller en Amazon y publica su quinto libro en 2023: Presupuestos de energía.

Se abre una nueva etapa. Su hijo sale del nido en busca de sus sueños en 2023. Y ella empieza a crear lo próximo: una escuela viajante, esto con miras a vivir diferente, ya que será una etapa distinta.

Como conferencista internacional, es la primera hispana en llevar la práctica reiki al mundo corporativo y académico. Ha dirigido programas de yoga y reiki para oficinas de manejo de dolor, anestesiólogos, grupos corporativos, estudiantes de educación especial, niños de escuela elemental, empleados de Texas State University en SA, TX, y para maestros en Austin ISD.

Su maestro reiki y mentor espiritual, Andrés Colberg Bas, psicólogo y master reiki les cuenta un poco más:

«Caro, Carolina es una carcajada de Dios. Ella se eleva a la versión más alta de sí misma y opera desde allí. Ella tiene ojos de halcón y dedos de cirujano. Es capaz de detectar y transformar todas las voces que usas para hablarte, en diferentes niveles. Por arriba de todo, también es una sanadora de palabras y con palabras. Y sin embargo, no se limita al lenguaje. Ella sana con un dedo o un papel, con un lápiz o una roca. No es una guía usando el mapa que otro dibujó, ella es mentora para que tú dibujes tu propio mapa. Eres un pez y ella te recuerda que ya estás dentro del agua. Te inspira y motiva, sobre todo, te invita a entrar en una transformación. Si estás viviendo en un mundo frío, distante e impersonal, Carolina ejemplifica, como uno de nuestros grandes maestros, un universo cálido, amistoso, íntimo, *complicité*, colorido, aromático, sensual, rítmico, ordenado y bueno».

Redes sociales

carolina@reikiradiantexpansion.com

www.reikiradiantexpansion.com

https://www.facebook.com/radiantexpansion.carolinaperez/

https://www.instagram.com/carolinaradiantexpansion

Carolina Pérez / Radiant Expansion

# NUNCA PARES DE SERVIR
## POR EVIS DE LA ROSA

Fui criada como muchas de ustedes: en un hogar matriarcal, no como ideología o dominio sobre el hombre, sino como un modo diferente de organización social en pareja, caracterizado por el respeto, donde mi madre como mujer desempeñó siempre el papel central en el hogar, como líder y emprendedora innata, ya que en ese tiempo no se hablaba de emprendimiento; fui testigo ocular de cómo mi madre luchó a brazo partido, siempre pensando en un futuro mejor para nosotros, como familia numerosa, hubo un tiempo en que no entendí si eso fue mejor, pues su ausencia me marcó, cambiar la vida de madre de familia a una vida laboral de tiempo completo duele.

La veíamos poco, cuando despertábamos, ella ya no estaba, su horario era de 7:00 a. m. a 5:00 p. m., cuando llegaba corríamos a abrazarla, todos los días, casi como un rito, le acercábamos sus pantuflas, su bata cómoda, su toalla, salía del baño y ya estábamos esperando; era tanto su cansancio, que se recostaba en un sofá grande y todos sentados alrededor de ella le contábamos cómo nos había ido en el colegio, no pasaban ni 10 minutos cuando ella ya no nos escuchaba, se quedaba en un sueño profundo que lo único que hacíamos era acariciarle su pelo y verla dormir, el precio fue alto, pero, gracias a ella, todos —cinco mujeres y un hermano— pudimos tener una carrera.

Mi madre empezó a trabajar cuando aún éramos pequeños, en una de las empresas más grandes y exitosas de Latinoamérica: AHMSA (Altos Hornos de México), apenas con estudios básicos, fue para ella una experiencia a prueba de fuego, desafiando a todo sistema social y de creencias, y a las fuertes críticas de la propia familia, salir del hogar a trabajar y dejarnos al cuidado de mi abuela materna, fue un gran reto para ella, lo sé.

Mi padre, un buen proveedor, nunca faltó comida en la mesa, un poco cariñoso, fue un compositor empedernido, escritor, pero con sueños muy limitados, un hombre muy inteligente, que devoraba todo libro que caía en sus manos. Todavía recuerdo las cubiertas blancas y gruesas con letras doradas de una de las enciclopedias que adornaba un majestuoso librero viejo que había en la sala y otra más de color vino, libros que a mi corta edad apenas podía cargar; su cerebro era una biblioteca ambulante, sus historias nos mantenían atentos, ya que le daba esas pinceladas que las volvían muy interesantes.

Siempre estábamos atentos a que no le faltara qué leer, y si no había, corríamos con las vecinas a que nos prestaran libros. Ahora sé que nuestra mera inteligencia no determina cuán lejos vamos a llegar, sino que depende de una combinación de elementos entre los cuales no es más que un componente más; dicen que la inteligencia es uno de los menos relacionados directamente con el éxito. Así pues, la inteligencia de mi padre fue tan solo una pequeña parte del complejo proceso de una vida conformista y un tanto bohemia, lo que sí le tengo que agradecer fue que nunca le cortó las alas a mi madre, al dejarla volar tan alto como pudo hacerlo.

A diferencia de mi madre, que siempre soñaba en grande, su mayor sueño era que todos tuviéramos una carrera universitaria, y lo logró, y no porque mi padre se opusiera, pero tampoco hizo ningún esfuerzo extra como apoyo económico, que doblemente le tocó a ella.

**Servir a otros lo aprendí de mi madre**

Servir era su devoción más grande. Recuerdo, como si fuera ayer, que nos llevaba a mis hermanas y a mí al río a cortar carrizo, todavía tengo en mis manos las marcas de las pequeñas heridas al cortar el carrizo para hacer piñatas. Ella nos enseñó a hacer piñatas para festejar a los niños más necesitados cada Navidad, eran piñatas de verdad, hechas de alambre y carrizo, le poníamos un jarrón de barro adentro y lo llenábamos de una variedad de dulces. Empezó con 15 o 20 niños y, en pocos años, la cantidad de niños ascendió a casi 200. Nosotros disfrutamos mucho esa etapa, colaborar en cada proyecto que ella emprendía, porque nos hacía sentir importantes y muy orgullosos, ver las caritas de alegría de esos niños que no sabían lo que era una fiesta navideña, la mayoría eran niños abandonados por sus padres o con carencias extremas.

Después de unos años, se extendió y empezó a festejar también el 10 de mayo, a todas esas madres solteras o abandonadas de sus parejas, y ahí estábamos todos mis hermanos, como soldaditos, sirviendo y apoyando. Mi madre pensaba en todo, como los niños no tenían recursos económicos para comprar a sus madres un regalo, compraba material y hacíamos con ellos hermosas manualidades, así todos tenían un detalle especial para el Día de las Madres, y así como iban creciendo, los empezó a incluir en los eventos y los instó a ser más participativos. Mi madre es una líder, siempre usó su poder para ayudar a otros, fue una formadora de equipos consumada para el servicio de la comunidad.

Éramos cuatro hermanas que trabajamos en un hospital del IMSS. Cada que había campañas de vacunación, mi madre contaba con nosotros como su equipo; cuando se trataba de repartir despensas en las colonias populares, igual; éramos incondicionales con ella, de hecho, fueron tantas las actividades y proyectos que nos hizo partícipes y que nos fueron formando como ciudadanos de bien.

Lo más interesante fue el deseo genuino que empezó a crecer dentro de nosotros por ayudar a otros, ella decía que es más importante dar que recibir. Dar es un universo nuevo que se abre, pero no dar lo que te sobra, sino lo que te duele: el tiempo al amigo que está enfermo, tiempo a esa madre quizás abandonada o a esos niños huérfanos dejados por la sociedad; créanme, una vez que ustedes entran en esa dimensión, sus vidas cambian, pero solamente lo van a experimentar el día que se rompan a sí mismos por dentro y digan: «Me voy a dar yo, mi servicio y entrega», así empezamos a hacer conciencia de que el mundo que queríamos cambiar también era el nuestro, a tal punto que se hizo como un hábito, una relación de admiración y respeto entre nosotros como familia, cuidar de otros era parte de su carácter. Nos enseñó a potenciar nuestras habilidades y fuimos aprendiendo todos, como sus fieles discípulos.

Cuando servimos a otras personas, recibimos bendiciones importantes. Por medio del servicio fuimos aumentando nuestra capacidad de amar lo que hacíamos, hacer conciencia en los problemas de los demás y nuestros propios problemas parecían ser menos serios. Una de las frases que llevo conmigo siempre es la de la Madre Teresa de Calcuta cuando le preguntaron: «¿Hasta dónde hay que dar?», ella contestaba: «Hasta que duela». La mayoría de nosotros vemos nuestro trabajo como una forma de hacer dinero y está bien, pero cuando lo ves como parte de tu servicio al mundo, todo cambia: nuestro ambiente laboral se vuelve más agradable y con un propósito más elevado.

A los 14 años emigré a Estados Unidos, me interné en un Colegio Bíblico, ahí aprendí la verdadera vocación de servir a los demás, hice la secundaria, estudié piano y teología, y cada fin de semana que no había clases, salíamos a las misiones, que eran pequeños colectivos de creyentes cristianos que empezaban a formar una iglesia que tenían muchas carencias, pero con una fe enorme; empecé aplicar la docencia dando clases de la Biblia a los niños de 5 a 6 años, lo que más disfrutaba eran las vacaciones de verano, ya que se hacían campamentos de chicos de nuestra edad, nos la pasamos increíble.

**Mi carrera en la universidad**

A los 17 años me mudé a Monterrey, Nuevo León, y empecé mi carrera de Enfermería y Radiología, siempre lo digo, es una carrera muy noble, donde nace el genuino amor de servir a otros, que nos va preparando para cosas mayores, nuestra vida se convirtió en una bendición para otros y un agradecimiento constante a Dios.

Mi experiencia como voluntaria se amplió un día que nos dieron una lista de clínicas y hospitales y pidieron que escogiéramos un lugar para hacer nuestro servicio social y, como fui de las últimas, me tocó uno de los lugares a los que nadie quería ir. Era mayo de 1989, cuando empezaba a propagarse el virus del VIH (sida) en Monterrey.

**Mi primer día de servicio en un hospital**

Recuerdo que cuando entré por primera vez al área, íbamos como astronautas, protegidos hasta los dientes, créanme que, así como nos veían los pacientes, pienso que aceleramos más su dolor, estrés y ansiedad, a veces su muerte. La ignorancia es atrevida, en aquel tiempo se pensaba que solo tocarlos o respirar el mismo aire nos podía contagiar. No sabíamos cómo manejar una enfermedad a tal magnitud, ni siquiera los médicos; ellos, como nosotros, estaban perdidos, eso nos llevó a cometer muchos errores: el aislamiento total que vivían los pacientes de sida, como si tuvieran lepra, no querer acercarse a ellos ni siquiera para darles la bandeja de comida, lo más triste era el abandono inhumano de sus familias.

En algún momento me pregunté a dónde se había ido ese compañero a quienes admiramos por ser un excelente estudiante, alto, atractivo, que no volví a ver en la clase de Anatomía, mi respuesta estaba ahí, al entrar al primer cubículo fue impresionante, lo primero que vi fue a ese chico en una condición muy frágil, muy cerca de la muerte; hubo un momento de silencio que parecía ser eterno, postrado en una cama, reducido a casi nada, ya en fase terminal, dentro de su debilidad me reconoció, él rompió el silencio con un balbuceo y dijo: «¡Quiero ver a mi madre!». Quise llorar. «Sí», le respondí, «ahora vuelvo», salí corriendo a la estación de enfermeras, y expresé: «Mi amigo quiere ver a su madre», se voltearon todas a la vez y, con un gesto casi de burla, me respondieron: «Niña, su madre no vendrá», y es que en verdad era casi una niña, insistí y les pedí el número, y groseramente me lo dieron, no quisieron que usara el teléfono de la estación, me pidieron que hablara del público.

No podía creerlo. Fui y llamé a su madre y contestó: «No tengo ningún hijo». Me colgó, le volví a marcar y me contestó: «Mi hijo murió desde que supe que se volvió gay». Yo no supe qué inventar, me fui de nuevo al cubículo con él, sin respuesta, lo vi tan débil que ya había perdido la capacidad de llorar, me extendió su mano, quería que lo tocara, creo que fue la única vez que no pensé en los riesgos ni en los problemas que generaría por romper las reglas del hospital, me quité el grotesco uniforme blanco y le tomé su mano fuerte, muy fuerte, sonrió, y le conté una vieja historia de cuando éramos compañeros en la clase de Anatomía, y él solo sonrió y así, tomados de la mano, poco a poco me la fue soltando y a los minutos murió.

A mis 17 años sentí que el mundo se venía encima, que la odisea apenas empezaba, salí de ahí directo al baño, devastada, y lloré, lloré hasta más no poder, sabía que tenía que terminar mi turno; a unos cuantos cubículos encontré otro excompañero, quien fue uno los mejores jugadores de futbol, él me comentó que en esa área morían de tres a cuatro pacientes cada semana y que, tal vez, él sería el próximo, el dolor que sentí fue inevitable, como la muerte misma, pero con la fortaleza que adquirí de Dios, cuando de rodillas se lo pedí, pude ayudar a minimizar la soledad y el dolor de muchos de ellos.

Lo que yo no esperaba es que, a los siete meses, el director del hospital me confesara que no tenía a nadie para coordinar el voluntariado, y así, sin más, me dijo: «Te necesitamos». Me pregunté a mí misma quién le iba a hacer caso a esa niña con cara de loca, ja, ja, ja. «¿Y *Fiebre de sábado en la noche?*», pensé. De verdad vino a mi mente, en ese tiempo estaba en un ballet estudiantil de música disco, que disfrutaba mucho como parte de mi tiempo libre, ensayábamos para ir a las discos los fines de semana a competir con otros grupos, fue una etapa de mi vida muy bonita, una combinación de inocencia y adrenalina pura, tuve que hablar con el grupo, les comenté la propuesta, todos al unísono contestaron, «¿Estás loca?», pusieron el grito en el cielo. «No, ¿es verdad? Pero qué ganas de sufrir», les prometí que no me olvidaría de ellos, que no había vuelta atrás, que era una decisión bien pensada, que esta oportunidad era de esas que no puedes dejar escapar; después de dos meses, me reuní con el grupo, todos estaban felices de verme y se sentaron alrededor, como niños de primaria, como cuando les lees a tus hijos el libro que más les gusta, lo sorprendente fue que, poco a poco y de uno a uno, empezaron a experimentar la empatía, a querer unirse al servicio voluntario, y hasta el día de hoy quiero decir que mi testimonio de vida los impactó tanto que siguen siendo voluntarios. Estamos tan obsesionados por ver qué nos da la vida, mientras es la vida la que está esperando algo de nosotros, que lo que empezó siendo parte de mi tiempo, terminó formando parte de mi vida.

**Mi vida en Estados Unidos**

A los 33 años me casé con un colombiano y me mudé a Austin, Texas. Tuve dos hijos maravillosos que son mi fuente de inspiración en todo lo que hago, además de la fortuna de elegir quedarme en casa a cuidar de ellos, mi esposo tiene su propia compañía. Creo fervientemente que no hay mejor muestra de amor hacia los hijos, que quedarte en casa cuando te dan la opción, no nada más fue mi mejor decisión, sino mi mejor inversión, quedarme en casa a servir a mis hijos es lo que más he disfrutado en la vida, y lo volvería a hacer si me dieran a elegir.

Gracias a mi madre, la experiencia de servir desde niña fue lo que me formó y me hizo tomar conciencia de cuando el deseo de dar más de mí se volvió demasiado grande. Esto es lo importante, esto es lo transformador, esto fue lo que anidó desde el principio en el corazón.

En 1995 viví una aventura inolvidable, vendimos todo y nos fuimos a vivir a Colombia. Esa es otra historia, lo único que les contaré es que, si no hubiera sido por la persecución que vivimos para capturar a Pablo Escobar Gaviria, el narcotraficante más grande de la historia, yo estaría viviendo todavía allá.

En el 200, tomé formalmente el voluntariado de nuevo. Creo que le di vuelta a todas las organizaciones sin fines de lucro (El Buen Samaritano, Casa Marianela, Cáritas, Cristo Rey,

Seton, por decir algunas), incluyendo la iglesia donde asisto ahora, GHBC. En el 2011 fundé la primera organización de mujeres sin fines de lucro, GHIDA, con dos mujeres maravillosas que admiro y valoro mucho, Tiu Rios y Liliana Beverido, fundamos lo que es ahora Amhiga Hispana.

## Lo que aprendí del COVID-19

Que se puede vivir tranquilamente con un par de mudas y unos buenos libros, que la familia importa, y mucho, que la edad es solo un número, que el mundo se vuelve más pequeño, y aprendí a ser más empática para servir a otros.

Agradezco infinitamente a Alba Letycia y Deyanira Martínez por concederme la oportunidad de ser parte de su historia, de poder plasmar en un libro algunas de mis vivencias, gracias por transformar vidas y darle la oportunidad a tantas mujeres que ignoraban que sus historias pueden inspirar a otras.

Únete hoy, engrandezcamos con nuestra entrega diaria de transformación interna a una auténtica vida de servicio. Te sorprenderá cómo todo cambia a tu alrededor, porque la verdadera magia ocurre cuando descubres que al servir a los demás, eres realmente tú el que se beneficia.

Servir no es fácil, atender las necesidades de otros y estar dispuesto a ayudar tiene que ver con nuestra actitud. Ser un siervo de Dios no es una opción, es un llamado, servir no es algo que yo hago por Dios, sino es algo que Dios hace a través de mí para bendecir a otros.

# BIOGRAFÍA

Eva de la Rosa, graduada en la Universidad Autónoma de Nuevo León como Enfermera, con Pediatría y Radiología como especialidad.

Mexicana, nació en Piedras Negras, Coahuila; toda su infancia la vivió en Monclova, Coahuila.

Líder, activista por los derechos humanos, con más de 40 años de voluntariado, porque cree que servir es la forma más sublime de demostrar el amor a otros, es el acto que fortalece la humanidad.

Ha desarrollado diferentes proyectos dentro de la comunidad, grupos y organizaciones, donde también ha sido voluntaria, en ese largo recorrido se dio cuenta de la necesidad que había de tener un nicho donde las mujeres hispanoparlantes encontraran un espacio en el que pudieran sentirse en casa, a gusto y en su propio idioma.

En el 2012, fundó GHIDA, una organización sin fines de lucro, cofundadora de Amhiga Hispana junto con dos maravillosas mujeres, Liliana Beverido y Tiu Rios que fueron como la punta del iceberg para el despegue de lo que es hoy la organización.

Tiene su propio negocio desde hace más de 25 años, Bacano Vintage, coleccionables y antigüedades.

Cree en Dios con todo su ser, con toda su alma y todo su corazón, porque ve en sus hijos la grandeza de su amor; para ella, creer en Dios es bloquear la ansiedad y minimizar el estrés y desaparecer por completo la depresión.

Redes Sociales

https://m.facebook.com/AmhigaHispana/

https://www.facebook.com/evis.delarosa?mibextid=LQQJ4d

@delarosaevis

http://www.amhigahispana.org/

# SEMILLA EN CRECIMIENTO
## POR GRISELDA SUÁREZ BÁRCENAS

Quiero comenzar agradeciendo a Dios por darme la oportunidad de contar mi historia y que, a través de ella, muchas lámparas puedan encenderse. Mi nombre es Griselda Suárez, soy una mujer soñadora quien se ha caído infinidad de veces, pero hoy sigo de pie, gracias a un Dios que me sostiene. Sé que tengo una misión grande de llevar luz a aquellos que la necesiten. Mi lema: «Griselda es quien Dios dice que es».

Todo comienza en mi infancia, con papi y mami. Recuerdo a papi diciéndome: «Tú puedes lograr lo que tú quieras, eres muy inteligente», «como tu mami» siempre decía. Y claro, mami superinteligente porque, a pesar de quedarse en casa a cuidar nueve hijos, hacía su espacio para educarse. Ella aprendió electricidad, manualidades, repostería, corte y confección, mismos que llevaba a cabo en casa; mientras papi trabajaba fuera de casa en ventas; él asistió a la escuela hasta segundo grado, pero eso no le impidió ser uno de los mejores vendedores. Esa frase mágica que él siempre comentaba de «Puedo aprender». Papi fue siempre muy positivo, al igual que mami, ver su ejemplo y esas palabras alentadoras resuenan en mí cuando siento que tiraré la toalla.

Sin embargo, fuera de casa era diferente, para ser precisa, en la escuela. De niña recibía muchas burlas de otros niños. Fue algo que marcó mi vida. Mi complexión robusta y mi piel morena fueron el meollo del asunto. Y, por si fuera poco, recibía maltrato de una maestra por no saber leer. Así que ya no quería ir a la escuela. No podía aprender. Esos traumas fueron parte de mis creencias limitantes. Vivir al pendiente de lo que piense la gente de ti y su concepto de perfección, no es nada alentador. Con el tiempo, esa parte de mi vida se durmió, pero dejó sus secuelas. Se hicieron presentes la inseguridad, ansiedad y miedo. Me daba miedo abrirme socialmente. Temía ser rechazada otra vez.

Después de todo, terminé la primaria y la secundaria. Convertirme en una secretaria ejecutiva fue mi siguiente reto. Ingresé a un colegio católico llamado Alma Muriel. Ahí estuve por tres años. Esa etapa la recuerdo con mucho gozo. En ese lugar se me enseñó todo lo referente a mi carrera y, además, el amor a Cristo; fue lo mejor que pudo haberme pasado. Mientras estudiaba, también trabajaba. Fue muy desafiante este periodo, ya que salía de casa muy temprano y regresaba hasta muy tarde; todavía me esperaban las tareas y estudiar para exámenes. Sin embargo, me sentía satisfecha de poder ayudar económicamente a mi familia.

Me gradué en 1994 de secretaria ejecutiva. Comencé a ejercer en diferentes instituciones de gobierno y privadas. Entre ellos, Caja Popular Florencio Rosas, lo refiero porque ese lugar fue como mi casa. Había mucho compañerismo, ahí se hacía presente la unidad. Disfruté tanto lo que hacía, que hasta la fecha lo tengo presente.

Me casé en 1997 con José Romero, quien ha sido mi compañero de vida por 25 años y quien me apoya incondicionalmente en todos mis proyectos y me alienta a seguir. En ese mismo año, di a luz a mi primera hija: Martha Sofía; mi embarazo no fue nada fácil, entre hospitalizaciones frecuentes, al final conseguimos salir sanas y salvas, gracias a Dios.

En noviembre de 1998, mi esposo emigró a los Estados Unidos. Mientras tanto, mi hija y yo nos quedamos en México.

Una nueva etapa estaba por comenzar

En mis más remotos sueños nunca me vi viviendo en Estados Unidos. En julio del 2000, mi hija Martha Sofía y yo emigramos a EU. En ese entonces, yo tenía 24 años y mi hija, 3. Mi proyecto era quedarme solo por un año; sin embargo, los planes de Dios son perfectos. Me traje una maleta llena de sueños e ilusiones, dejando atrás toda una vida en México y enfrentándome a otro país, con otro idioma, otra gente, otras costumbres, otros trabajos... y fue así que comenzó nuestra vida en los Estados Unidos de América.

Fue un poco complicado para mí entender el cambio. Me quedé mucho tiempo en mi pasado, siempre bloqueada, pensando en regresar a México; eso no me permitía ver otras opciones u oportunidades que había frente a mí porque, simple y sencillamente, no quería aceptar mi presente. Me encontré con aquellos que matan los sueños, que me decían: «Aquí ya no puedes ejercer», y me lo creí. Así que, en un momento, los sueños que traía se desplomaron porque yo lo permití; en ese momento se me cerró el mundo y me contagié de los «no es posible», de los «no se puede»; sin embargo, las palabras poderosas de mis padres me acompañan siempre.

Por otra parte, estaba feliz porque por fin mi esposo, mi hija y yo estábamos otra vez juntos.

De ejecutiva a ama de casa. Fue un cambio radical. Nunca me vi como ama de casa de tiempo completo; no obstante, lo disfruté. En ese lapso nació mi segunda hija, Abigail, para ser precisa, en 2002. Me sentía satisfecha de haber tenido la oportunidad de quedarme en casa a cuidar de mis hijas, pero, al mismo tiempo, mi alma gritaba con ese vacío existencial de no haberme desarrollado profesionalmente.

En el 2005 comencé a trabajar como repartidora de periódico. Por ocho años trabajé de noche, lo cual me permitió cuidar de mis hijas, aportar económicamente y estudiar. En el 2009 me puse como meta aprender inglés para posteriormente obtener el GED (preparatoria); por fin, en el 2012 obtuve el tan anhelado diploma de preparatoria para poder ingresar al colegio. Estudié seis meses en ACC (Austin Community College) y mi meta fue Psicología. En 2013, mi tercer hijo estaba en camino y en 2014 nació David. Mientras tanto, me tomé un descanso, pero, como todo, la vida era incierta. Cinco semanas pasaron y me visitó una trombosis cerebrovascular, por la que casi pierdo la vida, se hicieron presentes las convulsiones y mi cerebro tuvo daños. El diagnóstico de los médicos no era tan alentador. Según ellos, perdería parte de mis recuerdos y qué decir del habla, de la memoria.

Fueron difíciles esos momentos, porque eso significaba otra parada en mi vida.

La incertidumbre de pensar si todo volvería a ser igual, si podría algún día continuar desarrollándome profesionalmente, se hizo presente. Entre la recuperación de hacía cuatro semanas atrás, cuando la trombosis me sorprendió, la vida me tenía otra sorpresa... mi hija Martha Sofía era diagnosticada con un tumor cerebral en el área pituitaria; esto sí que me derrumbó por completo. Ella y yo comenzamos el tratamiento por dos años. Ahora veía otra vez mis sueños truncados. Por fin, el 6 de junio del 2016 fui declarada sana, mi sangre ya no hacía coágulos, y el 7 de junio, o sea el siguiente día, mi hija sería intervenida quirúrgicamente para extraer el tumor que había crecido y que afectaría su vista en caso de no extirparlo. La metieron a quirófano y, sorpresa, no la operaron; dijo el doctor: «No sabemos qué pasó, la niña ya no tiene nada». El tumor había desaparecido. Posteriormente a estos hechos, entré en una etapa de depresión y ansiedad donde ni yo me entendía, ¿no se supone que debería estar feliz porque ya todo estaba mejor?, ¿dónde estaba mi fe? Una vez más, me dejé llevar por los «tal vez». Cuando me dijeron que mi vida ya no sería la misma, que tal vez mi memoria ya no podría retener igual, que me costaría reconocer a algunas personas, incluso que me costaría tomar decisiones... ciertamente así me empecé a sentir. Lejos de ver las posibilidades, todo lo veía sin ningún sentido. Lo peor del caso es que no sabía por qué. Me sentía culpable por sentirme así, me sentía inútil de no saber qué hacer, me sentía más triste cada vez.

Hasta que un día me senté a reflexionar y vi que ese detalle estaba afectando a mi familia. Por primera vez, después de dos años, pensaba en algo para continuar; así que comencé a trabajar vendiendo productos de belleza. Empecé sin importar qué, solo lo hice y ya, en ese momento, no sabía si realmente eso era a lo que quería dedicarme para toda la vida. Tomar la decisión de comenzar en este emprendimiento fue muy certero, ya que este estaba abriendo nuevamente mi deseo de ser alguien en la vida. Una vez dentro de esa compañía, empecé a capacitarme y eso me estaba gustando; poco a poco me fui empapando de información y mucho conocimiento.

Me daba cuenta de que no todo estaba tan mal, retenía un 50 %, y eso para mí era genial. Así que un día me pregunté qué podría hacer para ayudar a mi cerebro. Escuché que leer, escribir y hacer gimnasia cerebral te ayuda a reconectar las redes neuronales en el cerebro, y que esto, a su vez, contribuye a tener una mejor neuroplasticidad; por consiguiente, provoca más retención de información y, además, equilibra los hemisferios de la lógica y la razón. Todo eso lo hice. Una trombosis cerebrovascular afecta muchas áreas del cerebro, pero entendí que mi caso era diferente.

Me recomendaron buscar ayuda con un *coach* de vida y así lo hice, desconocía si en realidad esto iba a ayudarme, pero lo hice con el amor de salir adelante y me funcionó. Así que me certifiqué como *coach* de vida también, porque comprendí que no solo era la trombosis haciendo estragos en mi vida, sino también esas creencias limitantes que eran parte de mí.

Quiero decirte que he ido de proceso en proceso, mi recuperación no ha sido de la noche a la mañana, pero nunca perdí la fe, me caí muchas veces y me enojé muchas también, porque yo quería todo mágico y no, a veces cuesta, solo es no rendirse y seguir hasta lo que más se pueda, y créeme que se logra avanzar. Dios nunca me dejó sola, siempre tuve y he tenido personas que me han ayudado, y una de ellas me dijo algo que nunca voy a olvidar: «Griselda, así es esto, recorres cinco pasos y a veces retrocedes tres, pero un día te levantarás y ya todo habrá pasado. Sé paciente contigo misma». ¡Cómo me ayudaron esas palabras!

Llegó en 2020 la pandemia. Para mí fue una oportunidad para darme cuenta de que me he convertido en una mujer resiliente y visionaria. Definitivamente, el confinamiento desestabilizó algunos negocios, como el mío, donde la gente no daba tanta prioridad a los productos de belleza; así que implementé venta de zapatos, algunos talleres motivacionales y además se dio la oportunidad de que tomara varios cursos de Mercadotecnia, Redes Sociales y Maquillaje, el Arte de Hablar Frente a las Cámaras. ¡Me encanta aprender!

En 2022 todo llegó por añadidura. YO escribiendo para el libro de *Mujeres que se atreven y superan límites*.

## Una nueva visión ha nacido en mí

¡Ser conferencista!, por fe sé que tengo una misión muy grande; así que hoy acepto todo lo que ha pasado en mi vida, porque a través de todas las experiencias que he pasado, puedo entender cómo se siente estar detrás del telón de la depresión, ansiedad, inseguridad, incertidumbre que ahora yo le llamo oportunidades en renglones torcidos. Si tú me preguntas cuál es mi éxito hoy, mi respuesta es haber encontrado el sentido a la vida. Haber encontrado mi ser interno y entender que DIOS TIENE TODO EN CONTROL.

Así que hoy te digo: ¡SÍ SE PUEDE!, ¡SÍ SE PUEDE!, ¡SÍ SE PUEDE! Frase que me acompañó toda mi vida, y hoy quiero que te acompañe a ti.

Querida lectora, deseo que tu vida esté llena de paz, amor y abundancia.

Si en algún momento te conectas con mi historia, no hay coincidencias, sino Diosidencias. El mensaje es para ti. Si estás atravesando por algún desierto, recuerda que ellos son maestros que vienen a enseñarnos sabiduría, fortaleza y muchas ganas de salir adelante con la misión de encender las lámparas que hoy están apagadas.

# BIOGRAFÍA

Griselda Suárez Bárcenas nació en México, Querétaro, el 19 de julio de 1976. Es la mayor de ocho hermanos. Sus padres, Pablo Suárez García y Sofía Bárcenas Mendoza, quienes la enseñaron con su ejemplo, a luchar por sus sueños y el amor al servicio. Ella se siente orgullosa de sus raíces.

Es originaria de Santa Rosa Jáuregui, un pueblo perteneciente al estado de Querétaro. Casada con José Juan Romero, quien es su compañero de vida por 25 años y la apoya incondicionalmente en todos sus proyectos. Tiene tres hermosas bendiciones: Martha Sofía, Abigail y David. Su familia es lo más importante. Disfruta y agradece pasar tiempo en compañía de ellos. Griselda emigró a los Estados Unidos el 4 de julio del 2000 para reunirse con su esposo. Radica en Austin, Tx, desde hace 22 años.

De profesión es secretaria ejecutiva. Hoy se dedica a las ventas en el área de la belleza. Es *coach* de vida certificada. Ha llevado a cabo talleres motivacionales. A sus 46 años, realiza uno de sus más grandes sueños: ser escritora. Hoy se encuentra escribiendo para el libro de *Mujeres que se atreven y superan límites*. Su sueño en proceso es ser conferencista motivacional. Su misión es empoderar a toda mujer a descubrir su pasión y potencial en la vida. Ella es apasionada de la música, disfruta leer libros de espiritualidad, escribir, aprender, reír a carcajadas, viajar y, además, pasar tiempo de reflexión en la naturaleza. Ella se considera una persona espiritual.

Griselda es una mujer soñadora que no se da por vencida. Su fe inquebrantable en Dios la ha ayudado a vencer cada reto en el caminar de su vida y la ha transformado en una mujer resiliente. Ella considera que su éxito es haber encontrado el sentido a la vida. Griselda es una mujer que se ama con toda intensidad, y eso le permite amar, respetar y ayudar a otros.

Su lema: «Griselda es quien Dios dice que es».

### REDES SOCIALES

Griselda Suárez

griselda_suarez76

@grissb1976

# ALINÉATE CON TU PROPÓSITO A CUALQUIER EDAD
# POR JAHY PIMENTEL

A veces te tardas en encontrar tu dharma, ese propósito divino para el que viniste a esta vida. Sin embargo, cuando lo descubres, es como si hubieses encontrado el tesoro más preciado. Ven, te invito a conocer mi historia. ¡Te contaré cómo, a mis 42 años, me atreví a ir tras mis pasiones y pude redescubrir la plenitud!

Mi nombre es Jahaira Madeline Pimentel Estévez y nací en Santiago, República Dominicana, el 3 de febrero 1976, de padres muy jóvenes. Para mi segundo cumpleaños ya residía en Nueva York, pero nos mudamos de nuevo a Santiago en el verano de 1981. En Estados Unidos, mi padre era taxista y mi madre trabajó en fábricas. Quizá no recuerdo mucho de esos años, pero sé que fueron de los mejores con mis padres. Una vez que regresamos a Santiago, todo cambió entre ellos.

Soy una acuariana alegre, «el alma de la fiesta», como me dicen mis amigas. Soy superapasionada, divertida, empática, espiritual, aventurera, amistosa, sociable, muy familiar y servicial. Me fascina la moda, educar, sanar, cocinar, viajar y bailar. Siempre he disfrutado de la vida cada vez que la oportunidad se me presenta. Sé, desde temprana edad, que los momentos alegres pueden esfumarse en un parpadear y que la felicidad debe valorarse. Quiero, con mi experiencia, inspirar a otros a diseñar la vida que desean vivir y ser su mejor versión. Soy madre de tres, esposa, hija, hermana y amiga incondicional. Mi misión es dejar a los demás mejor de lo que los conocí.

A pesar de ser así y ver la vida con tanto optimismo, mi niñez fue muy triste. Aunque fui hija única del matrimonio de mis padres, jamás me sentí querida ni fui el centro de su atención. Viví en un hogar disfuncional desde que nos regresamos a Santiago, donde reinaban los pleitos diarios, mayormente por las infidelidades de mi padre o sus celos infundados y vicios. A diario veía cómo mi madre sufría y se pasaba los días a cigarrillo y café sin querer ingerir nada más. Cuando ellos al fin se divorciaron, a mis casi 14 años, me fui a vivir con mi abuela paterna, quien siempre ha sido muy cariñosa conmigo. Sin embargo, en el proceso de mudarme, mi bisabuelo se suicidó en la que sería mi habitación y, a los 35 días, "el esposo de mi abuela, es decir, mi abuelastro". Murió de un infarto. En ese momento, mi abuela atravesaba dos duelos intolerables y debía yo cuidarla y consolarla. Salía poco, a pesar de tener tantas amistades en el colegio. Me tocó ser adulta muy rápido.

Una vez que terminé la secundaria a mis 17 años, en 1993, regresé a Nueva York para vivir nuevamente con mi madre, tras haber estado separada de ella por tres años, a raíz de su divorcio. Pensé que al fin podría retomar la relación con mi madre en mis años más cruciales, pero ella había conocido a su actual pareja unos meses antes de mi llegada y ya vivían juntos. Mi nueva etapa no fue nada fácil. Él había perdido su trabajo debido a sus vicios y llegamos a vivir los tres en una habitación rentada. Los próximos años fueron caracterizados por bastante inestabilidad.

Sin importar lo que pasaba en mi vida, yo seguía enfocada en salir adelante y me refugiaba en mis estudios, como siempre lo había hecho mi vida entera. Ser buena estudiante y sacar buenas notas era mi adicción y mi refugio. Era como ver la luz al final del túnel de mi pesadilla. Yo trabajaba y estudiaba, pero mi relación con mi padrastro no tomaba forma. ¡Era un calvario vivir con ellos!

Dos años más tarde, tomé una decisión irreversible, quizás impulsiva, pero de la que jamás me arrepentí: decidí embarazarme de mi novio, a quien había conocido en la universidad. Él no tenía vicios y me trataba bien. No miré más nada porque mis vacíos eran mayores que cualquier lógica en ese momento. Yo debía aferrarme a la vida con alguien que fuese «mío», que no me abandonara. Por eso, siempre tuve muy claro que mi hija Jahery me salvó la vida. Al enterarse de mi embarazo, mi padrastro me botó de la casa donde yo también pagaba facturas y mi madre no intercedió. Me sentí traicionada.

Nos mudamos a una habitación de una prima del padre de mi hija. Fueron tiempos difíciles, pero dejar la universidad no era una opción. Sé que me fui por el camino con más piedras, pero jamás abandoné mi meta. Obviamente, el semestre de la primavera de 1996 no pude asistir porque mi hija nació en febrero, justo cuando empezaba el curso. Viví tiempos difíciles económicamente, pero mi hija y yo jamás pasamos hambre. Vivo eternamente agradecida con la Fuente, porque siempre que creo que estoy al final del camino, se abre una nueva ruta para mí. Por eso vivo plena.

La vida es cíclica y pronto vendrían tiempos mejores. Mientras mi hija crecía, yo seguía enfocada y obtuve mi Asociado en Ciencias Aplicadas (AAS) en Viajes y Turismo (con honores) y un *minor* en francés. No les niego que hubo días en los que tuve que llevarme a mi hija a clases. Luego continué siguiendo mis pasiones y, aunque con algunas interrupciones, pude terminar mi licenciatura tecnológica (BT) en Administración Hotelera/Restaurante y Hospitalidad (con *Suma Cum Laude*). Aunque académicamente cosechaba éxitos, mi relación con el padre de mi hija se iba deteriorando.

Sin embargo, ¡el Universo me seguía abriendo puertas! A principios del año 2000 empecé a trabajar en un hotel francés en Nueva York. Unos meses más tarde, me separé del padre de mi hija, ya que nuestros ideales habían tomado rumbos muy diferentes y para mí no eran negociables.

Al cabo de unos meses, al final de ese mismo año, conocí a mi actual esposo y padre de mis dos varones. Héctor es mi maestro, mejor amigo y alma gemela. Me mostró un amor distinto: ¡él ama verme crecer y ser YO! Han sido 22 años de aprendizajes, complicidad, altas y bajas, como todo.

En el 2003 nació Ryan Valentino, nuestro primer hijo. Siempre fue muy enfermizo y aunque yo gozaba de promoción en mi trabajo que amaba, me vi en la necesidad de renunciar para cuidarlo tiempo completo. El Universo jamás nos abandonó y mi esposo manifestó un trabajo mejor, que incluía mejor pago y apartamento gratis al poco tiempo. Ryan ya era asmático crónico a los tres meses y los esteroides eran necesarios. Al menos era lo que entendíamos en ese entonces. Se nos ponía azul a cada rato y teníamos que salir corriendo con él a emergencias. Nadie nos dijo que los lácteos empeoran el asma. Para cuando cumplió 10 años, estaba con medicamentos para reducir su colesterol y a los 12 años su hígado estaba comprometido. Estas fueron las peores noticias que jamás haya recibido. Fue un *shock*.

Aunque no tenía la menor idea de qué hacer, algo en mí despertó y me dije: «¡Esto lo resuelvo yo!», y rechacé todo tipo de intervención farmacéutica. De pronto, entendí que por los fármacos estábamos ahí, en esa situación y la vida de mi hijo peligraba. Me hicieron firmar mil papeles.

Ese día, recuerdo llegar a mi casa desesperada, llorando y mientras le contaba a mi esposo, tiraba a la basura, como loca, todo lo que mi hijo consumía. Eliminé de mi casa todo cereal de caja, quesos, jugos de frutas y puse a mi hijo en una dieta estricta ese mismo día. Nuestro hijo menor, Ethan Logan, no sabe lo que es nada de eso, porque estaba muy pequeño entonces. Por otro lado, mi esposo y yo empezamos como lunáticos a leer todo sobre nutrición y sanación holística. Mi esposo tomó tiempo libre de su trabajo y se certificó como herbalista familiar. Ambos aprendimos bastante. Al cabo de dos meses, mi hijo ya tenía su hígado completamente restablecido y había perdido 20 libras. ¡Logré todo eso con solo un cambio drástico de nutrición más dos hierbas! Estábamos superorgullosos y mi esposo me dijo: «Debes certificarte para ayudar a otras familias porque nuestra anécdota no será suficiente». Así lo hice, e ingresé a estudiar hasta certificarme. De pronto, había regresado a mis raíces y entendí que el Universo me movió el piso para mostrarme mi propósito divino (*dharma*). Yo ya había tratado de todo desde que renuncié al hotel: soy también notaria pública, había tenido mi propia agencia de viajes, luego mi agencia de seguros y orgullosamente había conseguido mis licencias de inversión Series 6 y Series 63 para invertir en la bolsa. ¡Sí, lo sé, soy todóloga!

Durante ese tiempo en casa fue que también me certifiqué en *chakras*, hace 16 años ya. Esto lo hice por mí, porque me gusta aprender lo esotérico, jamás pensé que el colectivo estuviera receptivo a estas modalidades de sanación, y mucho menos que podía monetizarlo. El Universo no se equivoca y el Creador tenía un plan hermoso para mí. Nada sucede al azar. Hasta mi carrera me sirvió para conocer a mi esposo. Pelarme tanto las pestañas no fue en balde. Nada es coincidencia. Todo nos sirve. Todo encaja. Es bueno abrirse a la voluntad de la Fuente.

Desde muy temprana edad había demostrado habilidades médicas intuitivas. Recuerdo vívidamente una tarde lluviosa del otoño de 1990, cuando vivía con mi abuela paterna en República Dominicana. Ella se quejaba constantemente de un dolor pélvico y una sensación imparable de orinar, pero solo le salían dos gotas. El dolor y la sensación persistieron por días o semanas. Me daba pena, entonces me enfoqué y me pregunté en voz alta (le pregunté a mi ser superior, pero no lo sabía) qué hacer. Fue cuando recurrí a buscar mi libro de anatomía y le expliqué a mi abue que «algo le impedía vaciar su vejiga llena porque al parecer se estaba obstruyendo la uretra (donde baja la orina)». Le sugerí ir con su doctor y, efectivamente, tenía una piedra de tamaño considerable obstruyendo su uretra, imposibilitando el tránsito de la orina desde la vejiga. La operaron y mejoró.

El Universo utilizó a mi hijo para traerme de vuelta a mi auténtica pasión: ¡sanar y educar! Ahora, verdaderamente, puedo decir que me llena el alma lo que hago, porque antes todo me producía estrés. Hoy disfruto ser testigo y vehículo para el bienestar de los demás y que así puedan aprender a cuidar de sus cuerpos/mentes y que sepan manifestar la vida que desean conscientemente. Puedo viajar dando conferencias, impartiendo mis conocimientos, mostrando a los demás que no hay edad para encontrarte con eso que viniste a hacer en esta encarnación. Ábrete a ser instrumento y permite que el Universo te guíe, no te resistas ni te limites. Existen infinitas posibilidades. ¡Cree en ti!

Al poco tiempo de empezar a consultar personas, los mismos clientes me pidieron las comidas hechas y me dijeron que pagarían por hacerlas. Así nació **Jars Of Goodness By Jahy,** comidas saludables en jarras de cristal con fines de pérdida de peso, revertir enfermedades y proporcionar opciones prácticas para desayuno/*lunch*/cena que puedes llevarte en tu cartera cómodamente.

Por otro lado, desde hace un tiempo, me di el permiso de sanar mi pasado. Soltar, transmutar y perdonar. Hoy tengo excelente relación con mami y mi padrastro (dejó sus vicios, se unió a la religión desde 1995 y tiene muy buen trabajo), con el padre de mi hija y estuve en paz con mi papi por muchos años antes de perderlo en diciembre de 2019. Siempre nos llevamos bien. ¡Hoy vivo plena y viajo ligera!

Actualmente, soy estudiante de Constelaciones Familiares, Enfermedades Hermánicas y Ayurveda. Estas filosofías me han permitido dejar atrás los juicios y solamente ASENTIR a la vida tal y como es. Te exhorto a que permitas que el universo obre en ti y te transforme en un preciado diamante para que puedas brillar e iluminar a los demás, pero recuerda que este proceso requiere de resiliencia ante la presión que se necesita para pulirte. Si fluyes, te aseguro que el Universo tiene un hermoso plan para ti.

**MUJERES QUE SE ATREVEN Y SUPERAN LÍMITES**

JAHY PIMENTEL

# BIOGRAFÍA

Jahy Pimentel nació en Santiago, República Dominicana, el 3 de febrero de 1976. Celebró su segundo cumpleaños en New York, pero su familia regresó a Santiago en 1981. Permaneció allá hasta terminar la secundaria, viniendo a NY los veranos. Tras graduarse a los 17 años, volvió a NY para reunirse con su madre, después de tres años, debido al divorcio de sus padres. Ingresó a la universidad a terminar francés y perfeccionar su inglés mientras decidía su carrera. Aquí nació Jahy Pimentel, para facilitarle la pronunciación de su nombre a quienes no hablaban español. Sin embargo, ella simplemente se enamoró de su nuevo apodo. Tanto, que luego lo adoptó como DBA (Doing Business As), un pseudónimo legal para negocios. ¡Todos la conocen así! También es fluida en francés.

Jahy es nutricionista holística y alineadora de *chakras* certificada (2007). Es experta en bloqueos energéticos/traumas. ¡Es una sanadora intuitiva innata! Mostrando habilidades especiales desde temprana edad, sin embargo, la vida la desviaría de sus habilidades naturales y siguiendo sus demás pasiones: viajar, cocinar y hospitalidad, obtuvo un Asociado en Ciencias Aplicadas (AAS) en Viajes/Turismo (Honores) y luego su licenciatura en Administración Hotelera/Restaurante y Hospitalidad (BT) (Suma Cum Laude), ambos en NY.

No obstante, fue cuando el destino le sacudió el piso a través de la enfermedad de su segundo hijo, Ryan Valentino, que se percató de que era tiempo de ¡rechazar toda intervención farmacéutica y tomar el asunto en sus manos! ¡En solo dos meses, logró revertir exitosamente la condición hepática grave de él únicamente con un cambio drástico de nutrición y dos hierbas!

Cuando los doctores confirmaron el total restablecimiento del hígado de su hijo, ella, inmediatamente, supo que su jornada real (*dharma*) había empezado. Entonces, decidió obtener sus credenciales en nutrición holística para ayudar a otros. Ahora combina todos sus conocimientos en una exitosa práctica holística ofreciendo consejería nutricional, alineación de *chakras*, biocodificación, mentorías para manifestar prosperidad, dinero y abundancia con su *masterclass* **CHAPEANDO AL UNIVERSO TM**. Es speaker internacional, participó en el 1er. Global Wellness Day RD (2019) y 2do. GWD (2020/virtual) CEO **Jars Of Goodness by Jahy** (comidas saludables).

¡Su programa DETOX ha ayudado a numerosas personas a revertir enfermedades como diabetes e infertilidad, perder peso y a sentirse completos! Es realmente apasionada en lo que hace. Su naturaleza intuitiva, cariñosa y conocimientos extensivos la hacen un ser excepcional.

Encuéntrala en sus redes

@Jahypimentel

Email: Jahypimentel@Gmail.com

(personal): Jahy Pimentel-Rodriguez

# OPORTUNIDADES QUE TRANSFORMAN VIDAS
## POR JANNERYS ORTIZ CARDONA

Comenzaré mi historia recordando que cuando niña era muy soñadora, creía que las cosas eran como me lo imaginaba, soñaba con ser una gran científica. Sin embargo, al pasar el tiempo, se fue diluyendo mi ilusión, veía cómo se opacaba al ver que mi madre sufría por conseguir el pan de cada día.

Se internaba en casa ajena, trabajando, para que pudiéramos tener un techo donde dormir, fui creciendo en diferentes lugares en los que me tocó soportar mucho *bullying*, tanto de niños como de adultos, no solo era el maltrato verbal, sino físico, tanto de desconocidos como de familiares; un día cualquiera, llegó un hombre que no conocía, con un vestido y una muñeca, con un familiar donde estaba viviendo, y me ofreció irme con él porque iba a darme una vida mejor; mi hermana, que ya era mayor que yo, sí se fue con él. Ese hombre era mi padre, en ese momento fue cuando comenzó el trauma para mi madre, quien peleó con su familiar por lo que hizo a sus espaldas y nos tocó mudarnos y salir a buscar dónde nos cogiera la noche, comenzó a buscar a mi hermana, pero nadie le dio razones, viajamos a otras ciudades en su búsqueda, aunque ya era demasiado tarde, se la habían llevado muy lejos y habíamos perdido el rastro de ella y de mis otros hermanos, mi madre sufrió mucho y yo también.

Después de estar viviendo en diferentes lugares, inició entonces una nueva etapa en mi vida, nos fuimos a vivir donde otro familiar, y ese sufrimiento de abuso constante se había acabado, aunque eso me dejó marcada para toda mi vida. Entrando en la adolescencia, supimos dónde estaban mis hermanos y que estaban bien. Recuerdo que cuando nos reencontramos, ellos estaban llenos de resentimiento hacia mi madre y la señalaban como la culpable de nuestra separación, fue un reencuentro un poco frío y acusador, eso marcó distancia entre nosotros, porque no podía creer por qué con todo lo que había hecho mi madre, y por todo lo que habíamos pasado, ellos eran tan distantes con ella y la veían como una desconocida más. Hoy entiendo que todos, desde nuestro punto de vista, nos decidimos a juzgar y señalar, en vez de hablarlo y perdonar. Nos ganó el orgullo, porque aunque la angustia se había acabado, hubo heridas que nunca se sanaron.

Estudié en un colegio privado, completamente becada. El colegio me fortaleció gracias a las buenas amistades que conseguí, mi mejor amiga se convirtió en mi ángel de la guarda que estaba siempre apoyándome en cada momento de mi vida. Durante mi época de secundaria, me esforzaba por ser una muy buena estudiante, porque tenía claro que era mi vehículo para salir adelante.

Llegando a mi último año de la secundaria, comenzaron a aparecer enfermedades algo raras, producto del estrés. Entendí que mi vida estaba llena de muchos obstáculos, pero con la convicción de no rendirme, sabía que tenía que superar las barreras para seguir adelante. Mi propósito de vida no podría ser marcado por el rencor hacia los demás por lo que viví en mi infancia, perdoné a todas aquellas personas que me habían hecho tanto daño, que, aunque marcaron mi vida y me traumatizaron en mi niñez, creo que fue justo a tiempo, porque también lo hice con mi padre, que, pese a que lo perdoné, siempre me quedó el vacío en el corazón de saber que cuando más lo necesité, nunca estuvo ahí, ni para un consejo, un abrazo, una palabra de aliento o para defenderme de quienes me hicieron tanto daño. Cuando empecé a sanar mi alma y mi corazón, me fui recuperando poco a poco de las enfermedades que tenía acumuladas, llegó entonces el final de mi último año de la secundaria con un futuro incierto sobre mi educación.

Al no contar con recursos para estudiar, me dediqué, entonces, a buscar trabajo en lo que fuera, porque cada vez la situación en la casa era más difícil, decidí trabajar como camarera, tristemente cambié mis libros, lápices y demás útiles escolares por trapero, pala, escoba y útiles de aseo. Era un trabajo muy pesado que no se nos permitía sentarnos hasta acabar las 12 horas laborales, tenía jornadas de día y de noche. Estar en ese lugar para mí era deprimente, recuerdo que era la chica más joven de mi equipo porque apenas acababa de cumplir mis 18 años; algunos de los consejos de las más veteranas era que debía resignarme a la vida que me tocó y que para ellas, cuando jóvenes, también les fue duro, pero con el pasar de los años se habían vuelto expertas; esas palabras me tocaban mucho y me sentía como si estuviera presa en mi propio trabajo. Lloraba mucho, sobre todo en los turnos de noche, pasaba el tiempo y comencé a tener alergia a los instrumentos de aseo, por lo tanto, entré en una fuerte dermatitis en las manos, me llenaba de mucha tristeza ver que muchos de mis amigos del colegio estaban estudiando para lograr el trabajo de sus sueños, mientras yo me desvelaba en el trabajo que me quitaba el sueño.

Como sabía que el trabajo no me permitía estudiar, decidí ir a cursos de garaje cada vez que tenía descanso, mi resiliencia en no rendirme me llenaba de muchas ganas de seguir avanzando y generaba mucha esperanza de poder lograrlo. El día que me despidieron, aunque resulte increíble, me dio una felicidad, me sentía completamente libre y sin ataduras, mi hermana, con quien ya tenía más cercanía, nos visitaba muy a menudo, siempre me aconsejaba que yo debía seguir estudiando si quería mejorar mi futuro, así que me propuso mudarme con ella porque estaba sola en la casa donde se había criado con una tía al norte de la ciudad, la cual había fallecido, y la mayoría de mis primos estaban viviendo fuera del país, nos fuimos a vivir juntas, ella me brindó la oportunidad de estar en otro ambiente y otro tipo de relaciones, se convirtió entonces en mi asesora de imagen y transformó mi vida por completo, en mi forma de vestir y mis pensamientos, me motivó a buscar un mejor trabajo y me apoyaba para que también iniciara la universidad, fue mi mejor época; Dios me permitió compartir muchos años juntas y pasamos muchos momentos alegres, tristes y hasta peleas, como cualquier hermana, pero, al final, con mucho respeto y amor, recuperamos parte del tiempo que perdimos cuando niñas, hoy en día nos apoyamos incondicionalmente.

Creo que, sin darse cuenta, fue una transformadora de vida, siempre se ha preocupado por el futuro de los demás más que el de ella misma. Hizo que pasara en mi vida un antes y un después, me ayudó con el trámite para incursionar en la educación superior, alcancé entonces a ingresar un mes después a una universidad, recuerdo que no me estaba acomodando muy bien en mi primer día de clases cuando anunciaron que en una semana iniciaban los primeros parciales.

Fueron noches en vela, no pude disfrutar como me lo imaginaba; sin embargo, estaba contenta porque por fin estaba pisando una universidad y me hacía muy feliz estar entre los libros y cuadernos, agradecí a Dios por permitirme tener esta gran oportunidad. Increíblemente, mi vida iba cambiando para bien, sabía que ya no iba a ser la científica que me imaginaba cuando niña y tampoco la artista que pensaba en mi adolescencia, pero en ese momento contaba con todo el tiempo de madurez de lo que había vivido para darme cuenta de lo que realmente quería.

Me quedé nuevamente sin trabajo, en esa ocasión, sentí que el mundo se iba a acabar, debía decidir si seguía o no en la universidad, no contaba con dinero y estaba nuevamente sola; no obstante, Dios colocó en mi vida muchos ángeles guardianes, entre ellos, una familia que hoy en día le agradezco mucho por su apoyo incondicional, me fortalecieron tanto física como emocionalmente; además, me apoyaron económicamente.

Mi incertidumbre cambió gracias al apoyo que tuve de mis amistades; mi madre, como siempre, dispuesta a darlo todo, me ayudó para que encontrara un trabajo en lo mismo que estaba estudiando, inicié como auxiliar de sistema, superagradecida con la oportunidad, sin saber nada del sector y de sistemas, me coloqué muy juiciosa a estudiar para poder entender todo, porque era algo muy desconocido para mí y no podía permitir que se fuera esa oportunidad, sobre todo porque encontré en ese lugar unas personas con gran calidad humana y mi jefe, con una personalidad increíble, mi disciplina y recursividad, permitieron que una asesora externa encontrara en mí cualidades que hasta yo desconocía, recuerdo sus palabras textuales: «No tienes conocimiento, pero tienes la mejor actitud para aprender y yo te voy a enseñar de cero», utilizó un tablero y marcador para darme las primeras lecciones, comenzó un proceso de transferencia del conocimiento que entre más me explicaba ella, yo me daba cuenta de que menos sabía.

Fue así como logré apoyar a mi jefe en la implementación de un nuevo sistema de información y sacar exitosamente la entrada en producción, era excelente porque mi futuro ya pintaba distinto. Cuando estaba en lo mejor de mi trabajo, la misma consultora que me había capacitado me propuso trabajar con ella, era una decisión muy difícil de tomar, teniendo en cuenta la estabilidad laboral que había logrado y, con ella, me tocaba empezar de cero, decidí atreverme a seguir venciendo mis propios miedos y límites, renuncié a mi estabilidad laboral para convertirme en una consultora, mi jefe me apoyó incondicionalmente y, además, me dejó las puertas abiertas en la organización donde estaba.

Llegó la mejor oportunidad que tenía para seguir avanzando en lo que me gustaba, comencé entonces en una empresa desarrolladora de software a nivel nacional como ingeniera de Sistemas, sin haber terminado la carrera, esa empresa fue realmente mi universidad, todo lo que sé hoy en día lo aprendí de ellos, sobre todo de mi jefa; me capacitaron durante dos meses y retorné a mi ciudad siendo otra, con un estatus empresarial, cuando aún estaba estudiando en la universidad, comenzaron entonces los viajes de trabajo a diferentes ciudades; aunque era muy difícil viajar y estudiar, estaba muy feliz porque el sacrificio valía la pena. Increíblemente, estando en lo mejor de mi carrera profesional, aparecieron nuevamente enfermedades motivadas por el nivel de estrés; una mañana desperté con un fuerte dolor estomacal y mareo, por lo que pensé que era algo pasajero, fue entonces cuando llegué al baño y vomitaba chorros de sangre, me angustié mucho y comencé a llamar a mi hermana, pero perdí el control de mi cuerpo y me desmayé, cuando recobré la conciencia, estaba bañada en sangre y, rápidamente, mi hermana me llevó a una clínica.

Di gracias a Dios porque me estaba dando otra oportunidad de vivir, y tanto en la universidad como en mi trabajo me apoyaron en mi tratamiento, me permitieron trabajar y estudiar de manera remota, mi recuperación fue un poco lenta, estaba muy feliz, aunque mi sistema inmunológico quedó muy débil; se volvieron frecuentes las idas a urgencias por diferentes enfermedades y me hicieron muchos estudios, sin embargo no me daban respuesta a lo que realmente padecía y, al final, la recomendación fue tener mayor tranquilidad para manejar el estrés. En la actualidad, aún me cuesta sortear esa situación, pero tengo mejor control de mis emociones y me recuperé gracias al apoyo de Dios y mi familia.

Llegó el amor a mi vida, me enamoré perdidamente y viví como nunca antes un noviazgo como de telenovela, muy romántico y mágico, nos casamos y decidí no seguir en mi trabajo y estabilizarme ya como consultora independiente, tomando en cuenta que ya tenía mucha credibilidad en el sector, logré estar varios años así, viajando a varias ciudades, y me estaba yendo de maravilla. Justo en la mejor etapa profesional de mis consultorías, llegó a mi vida la mejor noticia que estaba dentro de mi cuerpo: el fruto del amor más hermoso e incondicional, mi primera hija; me concentré en disfrutar a mi familia, por lo que dejé atrás mis viajes de consultoría, fue entonces cuando me tocó comenzar de cero en una empresa como asalariada para sacar adelante un nuevo proyecto de vida, y lo logré con mucho sacrificio.

He superado barreras y límites para seguir construyendo nuevos sueños, no solo los míos, sino también un mejor porvenir para mi hogar, decidí seguir estudiando el posgrado y me gradué como especialista y magíster en Innovación; posteriormente, realicé certificados internacionales que han fortalecido mi conocimiento y la felicidad no podía ser completa sin la hermosura de mi segunda hija, he cultivado no solamente una familia, sino también un proyecto de vida; emprender ha sido otra etapa difícil de mi vida, llena de muchos desafíos, sacrificio y resiliencia. Sin embargo, la pasión, las ganas y amor por lo que hago ha permitido que cada día supere los miedos para atreverme a pensar en grande; doy gracias a Dios porque he logrado aportar a la sociedad parte de mi conocimiento. Felizmente, puedo decir que mi emprendimiento tiene cinco años y se encuentra en Colombia y en Estados Unidos, con la visión de seguir impulsado el crecimiento de nuestros clientes y convertirnos en referentes para captar más mercados internacionales, contamos con un personal de más de 10 empleados que creen y apoyan a la empresa y aportan a la sociedad nuestro enfoque de querer servir a los demás.

MUJERES QUE SE ATREVEN Y SUPERAN LÍMITES

JANNERYS ORTIZ CARDONA

# BIOGRAFÍA

Jannerys Ortiz Cardona es colombiana, cuenta con estudios en ingeniera de sistemas, especialista en Gerencia de Innovación, magister en Administración de Empresas e Innovación y varias certificaciones nacionales e internacionales en Innovación, ha trabajado como líder en muchos proyectos tecnológicos e implementaciones de *software* en grandes organizaciones, actualmente, es subdirectora de Desarrollo Tecnológico e Innovación en una clínica y cofundadora de DIO STUDIO, una agencia de publicidad digital donde la creatividad y la innovación están al alcance de sus clientes, su empresa está ubicada en Barranquilla, Colombia, y Miami, EU.

Le gusta trabajar en pro del empoderamiento femenino, le encanta todo lo referente a tecnología y es una líder enseñando a otras personas para que sean capaces de sacar lo mejor de sí mismas; apasionada por la academia, es investigadora, jurado de proyectos tecnológicos en pregrado y posgrado, autora del artículo y libro *Marketing digital, elementos de la cadena de valor generadores de competitividad del sector publicitario en Barranquilla, Colombia*, iniciando por un artículo científico en revista ibérica de sistemas y tecnología de información (risti) de Portugal, publicado en 2019; posteriormente a este artículo, fue publicado el libro completo con la Editorial de la Academia Española en el 2020, y en 2022 recibió el Premio Capitolio, el más alto reconocimiento que concede la

Colombian-American Chamber of Commerce of Washington D.C. a líderes que se destacan por su trabajo social.

También ha participado siendo *speaker* de temas de desarrollo de *software*, *marketing*, emprendimiento e innovación, es miembro honoraria del Women Economic Forum (WEF) de Venezuela. A lo largo de su vida ha pasado por muchas dificultades y obstáculos, pero su perseverancia y resiliencia ha hecho que su lucha incansable no se acabe, porque el éxito está en saber aprovechar las oportunidades que da la vida.

## Redes sociales

https://www.instagram.com/jannerysortiz/

linkedin https://www.linkedin.com/in/jannerys-ortiz-cardona-1234b819/

https://mobile.twitter.com/jannerysortiz

https://es-la.facebook.com/jannerys.ortiz/

Emprendimiento Instagram https://www.instagram.com/dioestudio

https://www.linkedin.com/company/68891059/admin/

https://twitter.com/dioestudio

https://www.facebook.com/dioestudio

# MUJER QUE SUPERA LÍMITES
## POR JUANA DAMARIS JOSÉ CÁCERES

En donde nací hay un río muy grande, los indígenas lo llamaban Cotuí, abraza la sierra de Yamasá y le da una magia perfecta a la tierra del valle. Su aire de frescor y transparencia penetró en mi vida desde que tuve el primer aliento, fui una niña amada, que vivió en el refugio de una familia tradicional, pero donde el amor pesaba más que las convenciones sociales.

Mi infancia y adolescencia transcurrió con mucha paz, bienestar y también con mucha inocencia, aunque el inicio de la adultez no fue tan tranquila y apacible como yo esperaba.

A los 19 años, el amor romántico, ese que conocemos y leemos en las novelas y vemos en las series, llegó a mi vida, y con él, todas las emociones y sueños de una aprendiz de adulta que no conocía que las relaciones íntimas sin protección podían ocasionar las mayores angustias en mujeres como yo, que no habían sentido el peso de la desdicha ni la infelicidad como herencia.

La vida, esa alma silenciosa, siempre está presta a sorprendernos y a colocar los retos frente a nuestra cara, y así exactamente fue. Ese amor llegó y, junto con él, un embarazo que no esperaba y que no podía comprender, porque nunca me hablaron ni en el colegio ni en familia de cómo poder prevenirlo. Ni siquiera supe que los síntomas que sentía eran de mi condición de gestante de un bebé, los médicos empezaron a tratar mis dolencias como una enfermedad estomacal, hasta que uno de ellos sospechó que podía no ser una enfermedad, sino una vida nueva.

Lo negué y me dirigí a corroborar lo que el médico presentía, y la certeza de los exámenes me desplomó, por mi cabeza se arremolinaba ese río de mi tierra natal y todas las fuerzas de la naturaleza que lo acompañaban, mis primeros pensamientos fueron mis padres, cuando lo supieran qué iban a decir, toda la vergüenza se agolpó en mi sien y el sufrimiento me acompañó desesperadamente.

Primero hablé con él y también la sorpresa lo abrumó, no sabía qué hacer, me preguntaba cómo podíamos solucionar esa situación, a mi mente febril y asustadiza llegaban solo dos soluciones. Con un tímido «sí» accedió a lo primera: casarnos, y a partir de ese momento, la felicidad volvió a mi vida.

Los días pasaron y la felicidad continuó, mi madre estaba conmigo, no he hablado de ella aún, lo importante que fue para mí su apoyo, su abrazo y su comprensión, sin juicios, poniendo, por delante de todo, su sabiduría de mujer y el amor que me tiene; ese amor fue su coraza para protegerme en mi fragilidad.

Entre mi madre y yo organizamos una celebración para la boda, sin confesarle a mi pareja los preparativos que hacía para festejar nuestra unión, invitamos a todas las amigas, amigos, parientes cercanos y de la ciudad, alquilamos un bello lugar y la familia se sintió feliz de festejar la unión. En mi corta edad, no había tenido que enfrentar tantas decisiones sobre mi vida, y la boda pondría fin a toda la incertidumbre del último mes, que, en mi percepción, habían sido años.

Una llamada telefónica hizo dar un giro total al proyecto matrimonial que habíamos acordado, porque para él también el embarazo había cambiado sus planes de vida y sentía que debía retomarlos, sus planes estaban concertados para que él viviera en el extranjero, su familia también lo reclamaba para que cumpliera con lo acordado y la decisión fue partir.

La conversación telefónica me dejó exhausta y sin aliento, pero él me pidió que tuviera paciencia, que cuando se estableciera en el país de los sueños (Estados Unidos) me iba a llamar para volver juntos y criar al hijo o hija que tuviéramos. Y así sucedió, unos meses después.

La espera era un infierno, porque la desconfianza era mayor, después de tantos altibajos entre nosotros, no tenía fuerzas para confiar, aunque lo intentaba. Tras la llamada, hubo que cancelar las invitaciones, avisar y enfrentar el «qué dirán», mi familia era importante en el circuito cultural e intelectual de mi ciudad. Mientras esto ocurría, yo crecía con más fuerza y enfrentaba el embarazo; la esperanza de volver a encontrarnos y ser una familia era mi apuesta.

Un remolino de emociones vivía dentro de mí, sentía que mis sueños se habían truncado, tenía una serie de preguntas sin respuestas por la naturaleza de la situación, no había la apertura de hablarlo con mucha gente, viví una etapa un poco tensa y a la vez bonita, aunque había perdido las esperanzas de mis planes de viajar por el mundo, de ser una profesional a los 21 años, como se esperaba de mí; mi futuro se me había truncado y eso me daba un poco de tristeza, era una combinación de sentimientos, feliz porque realmente estaba anhelando a mi bebé, pero yo sentía en ese momento que mi mundo había acabado, que lo único que yo iba a poder hacer era dedicarme a mi hija, a ser madre, que ya no había más estudios, ya no había más oportunidades; la verdad es que no fue así; sin embargo, al estar encerrada en mi propio yo, en mi propio problema, no podía vislumbrar el futuro.

Sin embargo, la vida no dejó de sorprenderme con otros desafíos, finalmente, nos reunimos en una tierra que no era la mía, y en un tiempo muy corto y con mi hija todavía muy pequeña, él murió. Nuevamente, un giro en mi vida, sufrimiento y angustia, recibí un apoyo bastante fuerte de mi familia, quienes me asumieron a mí y a mi hija, y me levanté de nuevo. De inmediato, empecé a terminar mi carrera, tuve mi primer empleo, fue como paralegal en la oficina de abogados de mi papá, cuando pasó el tiempo, no me sentía tan cómoda porque yo quería ser yo; yo quería ser Juana Damaris José, yo no quería ser la hija del dueño de la oficina, quería construir mi propio camino.

Pasaron dos o tres años, mi vida en mi provincia era muy tranquila y segura, criando a mi niña, y surgió la oportunidad de ser jueza de paz interina —ese es un juzgado que se encarga de casos menores—, para mí fue una aventura bastante difícil porque yo tenía mucho miedo, yo sabía que ser jueza era una cosa que no era para mí, todavía yo misma me sentía poca cosa, yo tenía entendido que un juez tenía que ser una persona sin tacha, una persona con una trayectoria.

Para entonces, con todos esos sucesos que me pasaron, por ejemplo lo de mi embarazo, yo me estigmatizaba, me autoflagelaba y no me sentía digna de tener ese empleo, fue una limitante para que diera lo mejor de mí, y siento que no lo hice, aunque salí airosa de esa función. Sin embargo, me perseguía la sombra de estar en mi provincia y ser la hija de mi padre. Esa relación simbólica con él me hizo ser muy insegura, siempre pensaba que yo estaba haciendo las cosas mal, pero yo no tenía a nadie que me aconsejara en ese sentido.

En ese periodo que yo era jueza, conocí por segunda vez el amor: nos enamoramos, nos casamos y tuvimos dos niñas, en ese momento también cambié de trabajo y me fui al área legal de una prestigiosa empresa minera, como asistente legal, y fue la mejor experiencia de mi vida, laboralmente; fue una escuela para mí porque ya allí era yo, no era la hija de mi padre, era la abogada, trabajaba con gente que me valoraba por mis méritos propios, gente de todas las nacionalidades, de quienes aprendí mucho, y ahí me sentía respetada por lo que yo era, por lo que yo podía dar, por mi propio ser y por mi propia esencia, entonces, eso hizo que yo amara mi trabajo. Recuerdo que tenía que levantarme todos los días a las 4:00 a. m. para irme y regresar a las 7:00 p. m. a mi casa, lo hacía con todo el ánimo del mundo, eso me hizo crecer como persona, como profesional.

Esta experiencia de trabajo en esa multinacional también me dio la oportunidad de aprender mucho de la gente. Trabajé en un proyecto de reubicación de familias, lo que me permitía interactuar de forma casi permanente con las personas de esas comunidades afectadas por la explotación minera. Me trajo muchas enseñanzas, muchas mujeres se sintieron muy impactadas con ese cambio, me sentían como su aliada porque yo era dominicana, hablábamos el mismo idioma y me convertí en un apoyo para mucha gente y sus familias, ahí fue que yo empecé a descubrir que trabajar para la gente es mi verdadera pasión.

Después de seis años y de haber cumplido con uno de los proyectos que estaban a mi cargo, me sentí agotada del ritmo de trabajo y decidí venir a vivir a Santo Domingo, en donde no encontré oportunidades para trabajar, pero me encontré con alguien que me motivó a incursionar en el mundo de los negocios e hicimos una sociedad para instalar una *boutique* de prendas de vestir femeninas. Realicé esa actividad comercial durante un periodo, conocí gente y, además, eso me sirvió también para darme un respiro.

Mi esposo y yo estuvimos separados un tiempo y en esta etapa de emprendimiento nos reencontramos, estábamos iniciando una segunda etapa en la relación y falleció de forma sorpresiva de un infarto. Volvió otra vez ese periodo traumático, me transportó de nuevo a esa crisis emocional que tuve cuando murió el padre de mi primera hija, yo estaba desgastada emocionalmente, tuve que disolver la sociedad comercial y, en un tiempo, reinicié actividades laborales en algunas instituciones, ocupando diferentes espacios y diferentes funciones que, en cierto modo, enriquecieron mis conocimientos. Continué con mi vida y mis hijas con ciertas limitaciones, pero optimista y llena de esperanza y positividad.

Al pasar un par de años, vino mi interés de involucrarme en la política, este nació de las diferentes situaciones que se estaban dando en mi país, específicamente con las mujeres:

las faltas de oportunidades, desempleo, desigualdad salarial, entre otras problemáticas, por lo que sentía que hacía falta la creación de sistemas y políticas públicas en favor de las mujeres, pensé que sin hacer nada, entonces, seguiría siendo parte del problema y no de la solución. Partiendo de esas preocupaciones, me surgió integrarme a trabajar de lleno a favor de la propuesta del cambio. Yo venía de una familia política, pues no me fue difícil convocar a algunas amigas y de ahí creamos un movimiento de más de 500 mujeres en dos meses en mi provincia natal, trabajamos día y noche hablándole a la gente de Luis Abinader Corona, ahora presidente de la República Dominicana. Necesitábamos más liderazgo femenino en la política y creía en esa visión. Una visita posterior selló mi compromiso de trabajar para su campaña. Recorrí parte de la provincia, llegué a pisar lugares tan remotos, tocando puertas, promoviendo las propuestas de mi actual gobierno, y los que ahora tengo la oportunidad de visitar para cambiar vidas.

Después de las elecciones, por mis méritos, el presidente Luis Abinader decidió designarme viceministra del Ministerio de la Mujer, para mí un gran honor, también fue un torbellino por los grandes retos, pero que, con mucho entusiasmo y valentía, estaba dispuesta a asumir. La verdad es que hasta el día de hoy yo no tengo cómo agradecerle al presidente que me haya dado esa designación, porque me ha confirmado que mi verdadera vocación es trabajar por y para la gente. En esta labor he podido ver casos desgarradores, donde quedarme indiferente no es una opción. Es un tema de vida o muerte, de dignidad y respeto a la vida. Esta designación como viceministra me ha marcado, me obliga a ver la vida de una forma distinta, a agradecer mi realidad «de privilegios» y a trabajar con más entrega para mejorar la vida de aquellas personas que cuentan conmigo.

Con mi historia quiero decirles a esas mujeres que atraviesan un desierto en donde todo parece irse abajo, que sí se puede encontrar un oasis, «si yo pude lograrlo, tú también puedes».

Mi tránsito como mujer política joven ha tenido algunos retos y es que me acepten como una mujer que trascendió. Para algunos políticos tradicionales, he palpado el rechazo de ellos hacia mí, primero como mujer, segundo por joven, pero mi compromiso es con la gente, y con la población que me pide una ayuda, con la joven que solicita una beca para sus estudios, me honra servirles de canal para mejorar sus vidas y no me detendré.

No solamente de los hombres he recibido discriminación, también de las mismas mujeres en todas las esferas de la política, algunas me han dificultado el acceso y, sin embargo, yo he podido, yo he sido valiente y sigo hacia adelante.

Todos los episodios tristes y desafortunados de mi vida los recuerdo, pero lo hago con la certeza de que sin eso no me hubiera convertido en quien soy ahora. Me siento en este momento la mujer más plena, las angustias del pasado fueron archivadas con amor, tengo la certeza de que, para llegar aquí, todas las cosas que sufrí atrás son un plan para forjar el ser en el cual me he convertido, y por eso me gustaría ser la inspiración de todas aquellas que se encuentran en el proceso de ser «UNA MUJER QUE SUPERA LÍMITES».

MUJERES QUE SE ATREVEN Y SUPERAN LÍMITES

JUANA DAMARIS JOSÉ CÁCERES

# BIOGRAFÍA

Juana Damaris José Caceres es Viceministra de prevención de la Violencia Ministerio de la Mujer.

Nacida el 12 de junio del 1977, en el municipio de Cotuí, Provincia Sánchez Ramírez, madre de dos hijas: Naomy, de 22, y Miranda, de 17 años.

Abogada de profesión, con posgrado en Derecho Procesal Civil en la Pontificia Universidad Católica Madre y Maestra (PUCMM).

Además, cuenta con constancias que acreditan sus conocimientos en diversas materias, entre las que destacan:

- Diplomado en Derecho Migratorio y Consular.
- Diplomado sobre Gestión Financiera Empresarial.
- Diplomado sobre Derecho Laboral.

En la actualidad, acaba de culminar sus estudios sobre especialidad en Geopolítica en la Escuela de Graduados de Altos Estudios Estratégicos del Ministerio de Defensa de la República Dominicana.

Juana Damaris ha tenido varios años de experiencia como Juez de Paz del Distrito Judicial de Sánchez Ramírez, además, se ha destacado como abogada en diferentes instituciones públicas y privadas, tales como el Instituto Nacional de Aguas Potables, el Instituto Nacional de Formación y Capacitación del Magisterio, llegándose a desempeñar como asistente legal en la Empresa Minera Barrick Pueblo Viejo, siendo parte del equipo encargado de la ejecución de un importante plan de acción de reasentamiento de las familias dentro de la zona de impacto de la mina.

Dentro de sus experiencias laborales, cabe destacar su desempeño como directora del canal 10 de Tele Cotuí, una empresa de su familia dedicada a la distribución de servicios de televisión por cable e internet en su provincia natal. Es fundadora y coordinadora del movimiento político Mujeres en Línea con Luis, siendo este un proyecto que le apasiona, el cual busca canalizar asistencia a problemas reales de la República Dominicana, utilizando como aliadas a las mujeres empoderadas con deseos de materializar cambios para la nación.

Juana Damaris José es la actual viceministra de prevención a la violencia del Ministerio de la Mujer, logrando llevar sus ideas innovadoras y preocupaciones a los altos estaños del Estado y fungir como vocera de los temas que afectan a las mujeres, niñas y a la sociedad como conjunto.

Su principal objetivo es utilizar la plataforma que le brinda su puesto para servir y realizar un cambio real en la vida de las personas que logren ser impactadas con los programas y proyectos que actualmente lidera.

Redes sociales:

Juana Damaris José

Damarisjose3

Juanadamarisjos1

MUJERES QUE SE ATREVEN Y SUPERAN LÍMITES

# NACÍ PARA AMAR
## POR JULIANA ESTRADA

*Un reto es una OPORTUNIDAD de ORO,*
*en ti está el atreverte*
*a ir tras tu sueño*
*y vencer al enemigo del éxito:*
*el terrible miedo a lo desconocido.*

**Juliana Estrada**

Recuerdo que desde pequeña soñaba con ser madre, adoraba jugar a las muñecas, podía pasar horas imaginando un mundo en el que navegaba entre chupos, medias, teteros y mantitas para abrigar a cada una de mis criaturas plásticas. Un poco antes de mis 10 años, mi Padre Celestial me regaló una muñeca de carne y hueso, mi bella madre dio a luz un caluroso día de marzo de 1989, en Bucaramanga, la ciudad bonita de Colombia, a mi hermanita menor: la bebé más hermosa que mis ojos habían visto, a quien llamó Iris.

Desde que la vi por primera vez me enamoré, y con ella nació en mí un pacto secreto de amor incondicional, un deseo de cuidarla, de abrazarla y de estar a su lado, me encantaba vestirla con coloridos tonos y peinar su corta cabellera, las dos colitas le quedaban tan preciosas. Jugábamos junto con nuestra otra hermanita, unos cuantos años más joven que yo, Natasha, que, como buena hermana del medio, era independiente y sociable, bailábamos y compartíamos una infancia sencilla y feliz.

**Las sorpresas de la vida**

A mis 19 años de edad, me mudé a los Estados Unidos por una oportunidad divina, y en otra ocasión te compartiré los detalles de esta parte de mi historia y lo que representó para mí a tan corta edad.

Como la mayoría de los que emigramos a otro país, los retos iniciales fueron el idioma, las diferencias culturales y el hecho de que extrañaba mucho a mi familia, en especial a mi hermanita Iris, de tan solo 9 años, y a mi novio, quienes se quedaron en Colombia con un pedazo gigante de mi corazón.

Lejos estaba de imaginar los planes que mi Padre Celestial tenía reservados para mí, los cuales eran sorprendentes. Al poco tiempo de mi llegada a los Estados Unidos, mi amado novio dejó su vida en nuestro país de origen y vino a mi encuentro; con esa prueba de amor suprema, nos casamos a los pocos meses y comenzamos nuestra aventura juntos en Nueva York, con dos maletas, los bolsillos casi vacíos, pero con nuestros corazones llenos de amor.

Los primeros años trabajé en la industria de servicio como mesera en un restaurante de comida japonesa, en mi tiempo libre adopté un hábito maravilloso que hasta el día de hoy mantengo y que ha sido sin duda una herramienta increíble en mi vida: el de la lectura. Te comparto un par de libros que abrieron mi mente a tan corta edad y en mis inicios como lectora: *Padre rico, padre pobre*, de Robert Kiyosaki & Sharon Lechter, y *Piense y hágase rico*, de Napoleon Hill, estos libros son solo unos de los muchos que sin duda mi Dios amado ha usado para plantar ideas por medio de semillas de curiosidad y de posibilidades. Si aún no los has leído, te los recomiendo, son tesoros.

**Vivir sin un norte**

Ahora te pregunto, ¿te ha pasado que un día abres los ojos y descubres el haber olvidado tu sueño? O peor aún, te das cuenta de que estás viviendo una vida sin ilusiones, sin un norte.

A mí me ocurrió, yo me había olvidado por completo del sueño de aquella niña que un día fui, y no recordaba que siempre había querido *ser madre*. Me había casado con un hombre maravilloso con quien hasta ese momento no había compartido mi gran anhelo, ya que ni yo misma lo recordaba, no lograba reconocer con claridad la importancia que tenía en mi corazón ese deseo de infancia hasta que, por vueltas de la vida, después de cinco años de matrimonio, y a mis 24 años de edad, lo recordé y, aún más importante, lo reconocí y tomé la decisión de atreverme a hacerlo una realidad.

Un año después de confesarle a mi esposo que deseaba tener un bebé, en el 2004, un caluroso día de verano en Nueva York, Dios nos bendijo con el nacimiento de nuestra primogénita, a quien llamamos Victoria, una bebita preciosa de ojos color cielo y una mirada curiosa, y ese mismo año, mi dulce y amada hermanita Iris falleció inesperadamente con tan solo 15 años de edad, Dios me regaló una hija y se llevó al cielo a mi hermanita menor. Dios da y Dios quita de acuerdo con su voluntad.

**Ten cuidado con lo que deseas, porque se puede cumplir**

El ser madre cambió mi vida, pero si te soy completamente sincera fue mucho más complejo de lo que había imaginado. Mi esposo y yo éramos padres jóvenes y primerizos, acostumbrados por cinco años a vivir el uno para el otro, sin mayores apuros, con un soporte familiar limitado, al menos al comienzo, y la falta de sueño estaba acabando con mi sanidad y mis fuerzas.

Pero, sin duda, el reto más grande que nunca consideramos en nuestras inocentes conversaciones mientras planeábamos cómo podría ser esa nueva vida con un bebé, fue la muerte, la idea de sobrellevar la dolorosa pérdida de mi hermanita adorada mientras sostenía en mis brazos, cuidaba, amamantaba y amaba a una criatura indefensa que dependía completamente de mí con tan solo 2 meses de vida. Toda mi familia atravesaba una época de profunda tristeza, sin embargo mi hija preciosa trajo con ella luz, amor y esperanza para todos, y me mantuvo de pie en uno de los momentos más difíciles y de mayor dolor en mi vida.

Puedo afirmar que, en mi caso, siento de corazón que el ser madre ha sido una de mis mayores satisfacciones; en el 2008, Dios me bendijo nuevamente con una segunda hija, una dulce bebé, a quien llamamos Valerie, ella llegó a complementar nuestro hogar, ella es arte, es estilo y sabiduría pura.

Agradezco a cada mujer en mi vida, las que están y las que se han ido, pero muy especialmente a todas aquellas que han sido madres y me han servido de inspiración. La primera que viene a mi mente, sin duda, es la mía de quien heredé tantas cosas, ella me brindó el regalo de la vida; mi madrina María Victoria y mi abuela, mamá Alicia, que están ambas en el cielo; ellas me enseñaron con su ejemplo el amor bonito, dulce y tierno; no me olvido de mi titi Gloria, quien llegó como un ángel a mi ayuda cuando tanto la necesitaba en mi época de madre primeriza y cansada; y mi suegra, todo un ejemplo de dedicación y entrega.

**Una vida en busca de libertad**

Me atreví a ser madre y fue una decisión que cambió por completo el rumbo de mi vida. Mi profesión y mi destino tomaron una nueva dirección, ya que esa nueva familia que habíamos creado era para mi esposo y para mí nuestra mayor prioridad, y el bienestar de nuestras dos hijas era nuestro objetivo principal.

Desde que nacieron sentí que mis hijas eran, sin duda alguna, mi más grande responsabilidad, sabía que buscaba una crianza con propósito, con disciplina y valores.

Junto con mi esposo decidimos que sería necesario cambiar de industria tan pronto fuéramos padres, y buscábamos flexibilidad en el horario, autonomía y libertad de tiempo, es así como en el 2004, con el nacimiento de nuestra hija mayor, tanto mi esposo como yo iniciamos en la industria inmobiliaria y nos convertimos en *realtors* o agentes de bienes raíces en el estado de Nueva York.

Continuamos muy activos y completamente agradecidos con el mundo de los bienes raíces en el que Dios nos ha brindado oportunidades, lecciones y mucha gratificación, con los años hemos explorado diversas ramas de la industria y actualmente nos enfocamos en la educación y en la inversión de tiempo completo, administramos un portafolio de inversiones inmobiliarias rentables que nos generan ingresos pasivos mes a mes. ¡La gloria es de Dios, ya que su favor y bendición han sido la mayor clave de éxito en todo lo que hacemos en nuestras vidas!

Y hay más, con Dios como nuestro socio supremo, y siguiendo lo que consideramos nuestro propósito de vida, desde el 2019 compartimos nuestros conocimientos, experiencias y el de cientos de inversionistas exitosos, al igual que sus historias de libertad financiera por medio de nuestras plataformas digitales. Contamos con un pódcast y un canal de YouTube con el nombre de **Hablemos de Real Estate**, en donde ofrecemos educación, mentorías y talleres, formamos un grupo privado —TMM (La Tribu de Millonarios *Mastermind*)— y brindamos selectas oportunidades de inversión pasiva en conjuntos de apartamentos en los Estados Unidos. Creemos firmemente que «*La familia es la base de la sociedad y una familia LIBRE FINANCIERAMENTE, a través de inversiones inmobiliarias rentables, es nuestra misión*».

## Un sueño hecho realidad

El momento en que decidí atreverme a ir tras mi sueño de ser madre, también le di el sí a la mujer que soy ahora: una empresaria comprometida con su misión, con un deseo de ayudar a la comunidad de inversionistas a lograr su libertad financiera, que vive en gratitud al servicio de Dios.

Descubrí que puedo amar a mi familia, criar a mi manera y construir un patrimonio moral sin sacrificar el impacto que puedo crear como mujer fuera de mi entorno familiar.

Ser mi mejor versión como madre es uno de mis mayores retos, el cual me he tomado con la importancia y la seriedad que corresponde y, sin duda, una de las facetas de mi vida que más disfruto y le doy mayor prioridad.

Es lamentable, a mi parecer, como muchas jóvenes le temen a ser madres porque perciben que es mucho trabajo o simplemente sienten la necesidad de escoger entre formar un hogar y criar a los hijos o desarrollarse profesional y empresarialmente, y no ven posible el construir ambos caminos, pero con amor y dedicación todo es posible, descubres que hay tiempo para cada cosa, para enfocarte en crear, en aprender, en vivir y disfrutar de cada etapa, de cada reto, de los cambios y de cada momento que te brinda la vida.

Se requiere de valentía y mucho amor. Y, si te atreves, descubrirás como Dios no se equivocó al otorgarnos a las mujeres el privilegio de ser cocreadoras de vida, podrás descubrir que puedes ser maestra, consejera, entrenadora, motivadora, nutricionista, mentora, chef, estilista y muchas cosas más, te asombrarás a ti misma al ver cómo desarrollas tantas habilidades con la motivación suprema de ser la mejor mamá que puedas ser.

Cada madre es única, algunas cuentan con una tribu que les ayuda, otras con un pequeño equipo o son madres solteras; con lo que tengas y con quien cuentes, si te organizas, priorizas y pides ayuda cuando la necesites, lograrás ser una madre maravillosa. No es fácil, pero es la experiencia de la vida más enriquecedora y retadora del mundo. Una madre derrama lágrimas de dolor y de alegría, pero experimenta lo más parecido, en mi opinión, al amor de Dios, el amor a un hijo; en mi caso, a dos hijas.

Quiero darte las *gracias* de corazón por tomarte el tiempo de leer y conocer un poco de mí, donde sea que estés, te envío miles de bendiciones y deseo algún día poder conocerte.

## MUJERES QUE SE ATREVEN Y SUPERAN LÍMITES

JULIANA ESTRADA

# BIOGRAFÍA

Juliana Estrada es una empresaria, experta en inversiones inmobiliarias con más de 18 años en la industria, conferencista, escritora y cofundadora de tres compañías junto con su esposo Carlos Amaya, quienes creen firmemente que «*La familia es la base de la sociedad y una familia LIBRE FINANCIERAMENTE, a través de inversiones inmobiliarias rentables, es su misión*». Comparten sus conocimientos y la de cientos de inversionistas exitosos por medio de sus plataformas digitales, cuentan con un pódcast y un canal de YouTube con el nombre de **Hablemos de Real Estate**.

En su compañía **Hablemos de Real Estate** ofrece educación, mentorías y talleres, al igual que un grupo privado: TMM-La Tribu de Millonarios Mastermind.

En **Casamerica** da servicios de venta de bienes raíces con especialización en negociación de ventas cortas y prevención de remates hipotecarios (Foreclosures).

Y en **VIVA Capital** brindan selectas oportunidades de inversión pasiva en conjuntos de apartamentos de más de 100 unidades en los Estados Unidos.

Juliana reside en el condado de Westchester, en el estado de Nueva York, junto con su esposo, sus dos hijas encantadoras y sus amadas mascotas.

De origen colombiano, estudió Comercio Internacional en la Universidad de Bogotá Jorge Tadeo Lozano; emigró muy joven a los Estados Unidos, donde se dedicó a la inversión inmobiliaria.

*Se considera bendecida al ser de bendición.*

Redes sociales

Página web: www.JulianaEstrada.com

Hablemos de Real Estate

@Julianaestradany

@JulianaCasamericaTeam

Juliana Estrada

# HISTORIA NO ES DESTINO
## POR LILIANA BEVERIDO

Quiero comenzar esta historia con una pregunta, no tienes que contestarla, solo háztela, lánzala al universo, a tu subconsciente, y deja que comience a hacer su trabajo en tu alma y corazón. No buscamos una respuesta, buscamos traer al consciente lo que realmente está sucediendo dentro de nosotros con esta pregunta.

¿Alguna vez te has puesto a pensar si la manera en cómo ves tu historia te empodera, muestra al mundo tu grandiosidad o te invalida, te resta brillo, te avergüenza o minimiza?

¿Ya hiciste la pregunta? Perfecto, ahí la dejamos y regresaremos a ella más tarde.

Te cuento un poco de mí, de mi historia. Nací en la ciudad de Texcoco, Estado de México. Mis padres eran muy jóvenes cuando se convirtieron en papás, tenían 17 y 18 años. Viví en Texcoco hasta los 4 años, mis papás trabajaban y estudiaban, así que pasaba mucho tiempo con mis abuelos. Recuerdo que mi abuelo Carlos, papá de mi mamá, me llevaba a veces a trabajar con él, creo que tenía yo, más o menos, entre 3 y 4 años cuando pasaba y chiflaba afuera de la casa de mis papás y me decía: «¿Vas?». Yo lo esperaba, me encantaba ir con él, mi abuelo era topógrafo y trabajaba con una cuadrilla de señores que les encantaba cantar y bailar. Recuerdo que escuchaban música y cantaban o bromeaban, mi abuelo sacaba esos grandes casetes de música, salsa casi siempre, al escucharla, yo le decía a mi abuelo, mientras bailaba, según yo, como podía al ritmo de la salsa: «Abuelo, yo siento que los tambores me hablan y suben y bajan por mi cuerpo». Era inevitable bailar para mí, lo recuerdo tanto porque es el mismo sentimiento y emoción que siento hoy cuando bailo, cuando me presento a bailar en los escenarios. Creo que ahí fue cuando nació mi amor infinito por el baile y por la salsa. (Gracias, abuelo, sé que desde donde estás, gozas conmigo al verme bailar).

Cuando cumplí 4 años, mi papá se graduó y lo asignaron a otro estado, mi hermano acababa de nacer, así que me mudé junto con mis padres y hermano a esta nueva ciudad. Recuerdo que extrañaba horrores a mis abuelos, así que mis papás trataban de que cada verano y Navidad pudiéramos pasar tiempo con ellos, nos mandaban para allá o también mis abuelos venían a visitarnos, y así, poco a poco, nos fuimos adaptando a vivir en esta nueva urbe. En San Luis nacieron mis regalos más grandes de la vida: mis hermanas; en esta hermosa ciudad fui a la primaria, secundaria, escuela preparatoria y universidad.

De pequeña fui una niña muy extrovertida, traviesa y decían que no le tenía miedo a nada, muy platicadora, curiosa, lo cual me metía mucho en problemas, ya que siempre estaba yo en la pregunta, quería saber del mundo, de las creencias, de por qué las cosas eran cómo eran y para qué, y eso no era del gusto de todas las personas, tuve varios viajes a la dirección por andar cuestionando lo que «no se debía cuestionar». Me encantaba bailar, cantar, y cuando había concurso de baile en la escuela, yo andaba poniendo los pasos de la coreografía, o si era canto, allá andaba, representando a la escuela o metida en concursos.

Mis años de adolescencia fueron complejos, pero bueno, yo pensaba que la adolescencia es difícil para todos, ¿a poco no? Además, la situación en casa era complicada también: mi papá, por su trabajo, vivía en otras ciudades y estaba poco en casa. Mi mamá estaba en casa, solo que la vida le comenzó a doler y ella comenzó a ausentarse mental y emocionalmente. La mayoría de las personas que me conocieron en la preparatoria y en la universidad también vieron la versión de Liliana como la de mi niñez, la platicadora, la «preguntona», organizadora, ocurrente, la que siempre se estaba riendo y haciendo reír a todos, creativa y fluía muy feliz con la vida.

En esta etapa se revelarían secretos dolorosos, para mí y para mi familia. La llegada de mi hermana a este mundo me impulsaría a tener la valentía de encontrar mi voz y atreverme a hablar de lo que estaba sucediendo en mi vida por más de ocho años. Durante la mayor parte de mi niñez fui abusada sexualmente por un miembro de mi familia, fueron años de callar muchos secretos que me hacían mucho daño. Crecí con mucho miedo de causar dolor a mis padres, a la familia, había muchas amenazas y mucha manipulación, sobre todo cosas como: «¿Quién te va a creer a ti?» Él, muy inteligente, carismático y querido por muchos, nadie lo imaginaba, o al menos eso parecía. Hasta que un día, armada de valor, dije: «Hasta aquí, esto se termina conmigo» y se los confesé a mis padres, hablé de todos esos años, de las personas que sabían, del miedo que yo sentía.

Esto fue, obviamente, muy doloroso para mis padres, para la familia en general, ellos lo manejaron lo mejor que pudieron con las herramientas que tenían, pero siempre hubo una constante: «que nadie sepa lo que te pasó, nadie tiene que saberlo, te van a comenzar a ver diferente, te van a juzgar, te puede restar valor», y aunque sé que esto lo decían desde todo su amor, en mí solo sembraba vergüenza y culpa.

Así que, como podrás imaginarte, las relaciones amorosas, el *crush* de la secundaria, preparatoria y todo lo que vive uno a esa edad fue complejo, construí barreras para que nadie más pudiera lastimarme.

Soy licenciada en Ciencias de la Comunicación, la etapa de mi formación me sirvió mucho para explorar mi parte creativa, a conectar con la gente de manera distinta, a entender la importancia de comunicar y lo poderosa que es la comunicación para todo tipo de relaciones, incluyendo contigo misma. Me enseñó a conectar por medio de la escritura, comencé a escribir para conectar conmigo, comencé a darme cuenta de mucho de lo que me habitaba que nadie sabía, solo mi pluma, el papel y yo.

Pocas personas realmente conocían lo que había dentro de mí, lo que había vivido por años y, por lo cual, me volví una experta en el «aparentar que todo era perfecto». En siempre reír para que nadie viera el dolor. «Porque mi historia había que esconderla». Las barreras eran tan efectivas, que me ayudaron a crear una máscara que me sirvió como escudo protector, para poder ser «normal» y que nadie supiera lo que pasaba en casa, en mi vida y dentro de mi corazón. Tenía la «historia perfecta».

Me casé muy joven y llegó mi primer amor, mi hijo, y me mudé a los Estados Unidos; me tocó, como a muchos de los que llegamos a este país, cargados de esperanza, empezar de cero, no tenía familia, amigos, nada, solo mi hijo y su papá. Nuestra relación de pareja no estaba funcionando, así que decidí divorciarme, eso dio paso a vivir otro episodio fuerte y doloroso. Fui víctima de violencia doméstica, hoy entiendo que el ciclo de abuso era algo «familiar» para mí y que, en el fondo, realmente buscaba lo «familiar», pensando que lo merecía, ya que, después de todo, él me quería con todo lo que me había pasado y con todo lo que yo creía, pues era de agradecer por hacerme el favor de quererme.

Te confieso que en el momento de estar viviendo violencia, yo me veía como si estuviera viendo una película y pensaba: «No, esto no me está pasando a mí, yo no tengo el perfil de una mujer que puede ser víctima de abuso, yo estudié, me he preparado, en mi familia esto no ha pasado», etc. Hoy comprendo, en mi proceso de sanación y acompañando a otras mujeres que han vivido situaciones parecidas, que no hay un perfil, que esto le puede pasar a cualquiera. Decidí salir y dejarlo todo, solo tenía a mi hijo, mi carro, algunas pertenencias y era todo. No tenía el apoyo de mis padres, así que regresar a casa de ellos no era opción, me sentía tan sola, sin saber qué hacer, sin rumbo, sin dinero, sin tener un lugar a donde ir. Viví con mi hijo por varios días en mi carro, recuerdo solo abrazarlo muy fuerte en las noches y decirle: «Te prometo, mi amor, que todo va a estar bien». Él me respondía, sonriendo: «Yo sé, mamá». Solo lo miraba dormir, lloraba, no sé si realmente se lo decía a él o me lo decía a mí misma.

Una querida amiga se dio cuenta de lo que pasaba y me invitó a quedarme con ella unos meses, así lo hice y pude empezar de nuevo. Eventualmente, comencé a conocer a otros hombres y me di cuenta de que había algo en común y todos tenían algún tipo de comportamiento abusivo, ¡pero ahora podía identificarlo! Pensé: «Si estas personas son las que atraigo, en quien tengo que trabajar es en mí», así que comencé un camino de trabajo profundo, comencé a ir a terapia, a leer libros, a tomar clases, todo lo que me ayudara, mientras más sanaba, más me rodeaba de gente maravillosa que se convertiría en mi familia del alma, comencé a conectar con mi niña interior y a sanarla por medio del baile, me hice bailarina e instructora y, con el tiempo, comencé a mirarme y mirar mi historia de manera diferente, me sentía poderosa, valiente, única, y eso me dio fuerza para seguir sanando y cambiar la narrativa de mi historia.

Con esta nueva etapa, llegaría el amor de mi vida, solo cuando yo me convertí en lo que realmente quería atraer a mi vida es que llegó o, más bien, pude identificarlo, ya que podía ver con otros ojos, vibraba con otra energía y atraía personas diferentes. Él llegó y me ayudó a terminar de reparar mis alas rotas para poder volar. Me ayudó a recordar quién era yo de verdad y no porque él tuviera poderes especiales, sino porque fue el primer espacio de amor sano y seguro que mi alma conocía. Me casé y nació mi segundo amado hijo y casi pierdo la vida, esto me llevó a estar hospitalizada y a una depresión muy profunda, pero me aferré a la vida, a mi familia y me enfoqué en el baile.

En este tiempo, conocí a una mujer maravillosa que vería en mí posibilidades infinitas, y tiempo después, juntas cofundamos una organización, sin fines de lucro, para impulsar a la mujer. Yo deseaba, desde el fondo de mi corazón, brindar un espacio seguro para que cualquier mujer, como yo, pudiera encontrar una «tribu» donde pudiera florecer. Sin saberlo, esta organización no solo transformaría la vida de muchas mujeres, sino la mía también, me impulsó a crecer, a aprender más para poder apoyar a otras mujeres y darles herramientas para la vida.

Todo esto me inspiró tanto que, en mi proceso de sanación, tomé certificaciones y establecí mi práctica profesional donde acompaño a mis clientes, la mayoría mujeres, a conectar con su historia, a cambiar la narrativa, a retomar su poder y a atreverse a sanar su historia y brindarse una mirada más amorosa, inclusiva, libre de culpa y juicio, un lugar seguro donde pueden conectarse con su yo más auténtico y verdadero, con sus dones y talentos, donde pueden descubrir que no son lo que les sucedió, lo que les dijeron, una etiqueta, un estereotipo, una creencia, una experiencia, son mucho, mucho más, son posibilidad infinita y eso, te recuerdo, querida, también eres tú.

Ahora, te invito a que vuelvas a hacerte la misma pregunta con la que comenzamos, pero ahora, viendo tu historia con otros ojos, con los del corazón, de tu alma; respira y mírate con ojos de posibilidad infinita, sabiendo de manera consciente y sintiendo en cada célula de tu piel que eres poderosa, que tu creador no te ha dado permiso de achicarte, opacarte, invalidarte, abandonarte y alejarte de lo que realmente viniste a ser a este mundo, a vivir desde tu grandiosidad.

Espero que mi historia te acompañe y te recuerde que historia no es destino, tú eliges el camino.

# BIOGRAFÍA

Liliana Beverido es licenciada en Ciencias de la Comunicación, estetocosmetóloga, consultora y *coach* personal y empresarial, autora y conferencista internacional. Nació en Texcoco, Estado de México, donde radicó hasta los 4 años, después se mudó con su familia a San Luis Potosí, lugar en el que vivió su niñez, adolescencia y fue a la universidad y a la escuela de Cosmetología. Recibió su título universitario y, al mismo tiempo, su certificado como estetocosmetóloga, trabajó en medios como presentadora de televisión y radio. Se convirtió en mamá y emigró siendo muy joven junto con su hijo a los Estados Unidos, donde reside actualmente con su esposo Jason y sus dos hijos: Carlo y Luca.

Especialista en relaciones públicas y comunicación, con más de 13 años de experiencia en este campo en el mundo empresarial, así como en medios de comunicación. Su pasión por el conocimiento y expansión del ser, el desarrollo personal y la sanación de su propia historia la llevó a una búsqueda profunda y a certificarse en diferentes técnicas, las cuales hoy son parte de su práctica profesional. Ella es *Mindful Empowerment Coach* y en PNL certificada. Diplomado en Psicoterapia Gestalt. Maestra de Meditación y Mindfulness, especialista en Gestión de Emociones. Yarukido *Coach* Certificada. Master en reiki angélico y consteladora familiar. Facilitadora y tallerista.

Apasionada en el desarrollo, impulso y empoderamiento femenino. Desde sus inicios, ha desarrollado su pasión por impulsar y contribuir en la calidad de vida de la mujer, lo cual la llevó a que en agosto del 2014 cofundara la organización sin fines de lucro AMHIGA Hispana, de la cual también fungió como directora ejecutiva y hoy como consultora y voluntaria.

Otras de las más grandes pasiones de Liliana son la música, el canto y el baile; ella es bailarina e instructora de ritmos latinos, ha dirigido su propia compañía de baile y es parte activa de la comunidad de baile en Austin, Texas, desde hace más de 12 años.

Redes sociales:

www.lilianabeverido.com

@LilianaBeverido

Liliana Lozada-Beverido

@LiliBeverido

# MÁS GRANDE LA TORMENTA, MÁS GRANDE SERÁ EL ARCOÍRIS
## LIZBETH CARRILLO

La vida a veces se puede ver un poco borrosa, con preguntas llenas de «¿por qué a mí?». Por cosas de la vida, en mi juventud, yo me sentía muy triste y todos los días me preguntaba: «¿Por qué a mí?».

Inmigré con mi familia a los Estados Unidos a los 4 añitos, e inmediatamente me volví la intérprete para mi familia. Ser intérprete desde niña me abrió la puerta al mundo de problemas, pero también de soluciones. Esa niña se dio cuenta de que era parte de esos remedios, se volvió muy activa en la escuela y en la comunidad. Aprender de problemas y resolverlos me ayudó a ver lo que yo quería hacer en el futuro, y era poder ayudar y ser parte del arreglo.

Para mucha gente lo tenía todo, a los 20 años tenía una familia que me apoyaba, me amaba, un trabajo envidiable que pagaba muy bien y estaba en la universidad con la meta de ser abogada. Con todas esas bendiciones, todavía me sentía afligida. No importaba que tuviera un buen trabajo ni que estuviera en la universidad, al final del día, me sentía un poco triste y vacía por cosas de la vida.

Cuando perdí toda fe en mí, me enteré de que estaba embarazada. Los próximos meses fueron llenos de dudas de mis amistades y familiares, susurrando que mi futuro se había terminado, ya que idealmente tenía todo. A los tres meses de embarazo, me volví madre soltera, algo que nunca pensé que me iba a pasar. Nunca creí que yo lo sería eso no era parte de mis sueños cuando era niña. Me sentía como la mujer más irresponsable del mundo, pero a la vez, la más feliz; claro que fue difícil estar sola, pero, gracias a Dios, me tenía a mí misma y a mi familia que me apoyaba.

Volverme madre soltera significaba que toda la responsabilidad caía en mí. En ese momento, decidí retirarme de la universidad y conseguirme un trabajo extra de medio tiempo. Fue duro, sin embargo lo más complicado era tener un ex que, a propósito, me acosaba y en un punto me pregunté si esto era lo que yo quería de mi vida, ya que el acoso era fatal; me hice esa pregunta porque todavía no sentía a mi bebé. Días después, experimenté por primera vez esa patadita e inmediatamente sentí amor, pureza, mariposas en mi barriguita. Fue la obra de Dios enseñándome que la vida es hermosa. Comencé a soñar de nuevo con mi futuro, comencé a pensar que mi pasado no era en vano, comencé a sentir y ver la bendición de Dios todopoderoso, me dio algo que yo necesitaba, que estaba lleno de amor y pureza: mi bebé.

Alrededor de los seis meses de embarazada, continuaba el acoso de mi ex, me llamaba constantemente para hacerme sentir mal, disfrutaba llamarme al trabajo, al celular, y si no contestaba me buscaba para hablar en persona para decirme que quería estar conmigo, pero también estar con otras mujeres, o me pedía dinero; cosas muy descaradas que me daban mucha tristeza y, con mis hormonas de embarazada, por supuesto, solo me ponía a llorar. Durante este tiempo y por el acoso que recibía de mi ex yo estaba emocionalmente mal, debido a eso, mi nena tenía un poco de complicaciones, mis sonogramas mostraban que mi nena estaba un poquito malita, sin embargo yo pensaba que era algo temporal.

«Algo temporal» nunca cambió, la doctora me dijo que me quería ver en su oficina, no obstante se veía triste y me dio la noticia de que las complicaciones de mi embarazo eran porque mi nena tendría síndrome de Down. Mi bebé tenía un latido de corazón muy débil, aparte era chiquita, tenía un riñón que no se desarrollaba y lo más anormal era el color que veía en el sonograma, por esas razones pensaba que así sería. El siguiente día, un departamento del hospital me quiso ver, sin importar que ese día de la semana siempre estaban cerrados, pero hicieron una excepción para mí, ya que yo estaba con varios meses de embarazo. Cuando llegué con mi hermano al hospital, me informaron con más detalle de lo que pensaban que tenía mi nena. Al final tuve un día para decidir si quería un aborto legal, algo que fuera hecho en un hospital a dos horas de mi casa, ya que estaba un poco complicado el procedimiento. En ese momento no podía dejar de pensar cuánto amor yo sentía hacia mi bebé, pero también en quién era yo para decidir que mi nena sufriera de salud por mi culpa. Por segundos, también pensé lo que un aborto significaba para mí: libertad, no estar acosada por un ex, cero responsabilidades y no tener ese título de madre soltera. Segundos después, solo podía pensar en una vida llena de felicidad con mi nena, a lo mejor con dificultades, pero llena de amor. Minutos después de informarle a mi mami y hablar con mi hermano, regresé a la oficina y le dije que no necesitaba 24 horas, porque yo quería tener a mi nena. Inmediatamente, me pidieron que firmara papeles, confirmando que el hospital me informó de las posibilidades y que no podía demandar en un futuro. El hospital fue muy atento conmigo y pusieron mi embarazo titulado como «alto riesgo». «Alto riesgo» significaba más atención en mi embarazo y dos a tres sonogramas a la semana para ver más en detalle cómo estaba mi nena.

Por la situación que estaba pasando, decidí salirme de mis dos trabajos y cambiar mi número de teléfono. Sabía que mi nena estaba sufriendo por mi estrés y lo único que yo podía hacer era quitarme lo negativo por completo para ayudarle. Comencé a rezar por la salud de mi niña y comer saludablemente para darle fuerzas. No dar acceso a personas que me lastimaran. También regresé a la universidad, ya que con más educación tendría más oportunidades de un buen trabajo. Comencé a enfocarme en mí para poder ayudar a mi hija.

Unos días antes de dar a luz, los doctores se preocuparon de nuevo y me expresaron que necesitaban hablar conmigo, dado que el último sonograma indicaba que el riñón de mi nena estaba normal. El doctor, viendo mi felicidad, me manifestó que no me alegrara mucho, porque todos los sonogramas enseñaron que el riñón estaba malito y que no sabía por qué ese último salió diferente.

Al dar a luz, tuve un *show* de doctores viendo el parto y si había algún problema, estaban ahí para ayudar. Gracias a Dios, ella nació sin complicaciones y vi a mi Leila muy despierta, con sus bellos ojitos tratando de entender lo que estaba pasando. Los doctores se la llevaron, ya que el plan era operarla para quitarle un riñón inmediatamente después de nacer. Y cuando le expuse a los doctores que ya estaba bien mi nena y no necesitaba una operación, me comunicaron que, pese a ello, ellos tenían que examinarla y descartar por A o B que no estuviera enfermita. Después de ocho horas de exámenes, vino mi nena a mi cuarto, ya que no salió con síndrome de Down, sus riñones estaban bien y su corazoncito también. Una felicidad que hasta ahora lo siento.

Desde que la tuve adentro de mí supe que era mi más grande arcoíris y bendición. Con ella aprendí lo que es un amor puro e incondicional. Me sentía tan afortunada de las cosas que experimenté cuando estaba embarazada, que comencé a pensar cómo podía pagarle a Dios por su bendición. Yo supe lo que es vivir este proceso con miedo y maldad por ingenuidad, y comencé a apoyar a otros con amor e información para que se fortalecieran. Algo que Dios me ayudó a sentir: fuerte y empoderada.

Cuando comencé a ayudar, viví de nuevo esas mariposas dentro de mí. Sin esperarlo, al hacerlo, he recibido muchas bendiciones. Uno de mis sueños más grandes de ser abogada no se cumplió por cosas de la vida, pero la meta de apoyar sí se concretó. A mis 27 años fui escogida para ser directora de una dispensa de alimentos, algo que no me esperaba, ya que normalmente una directora de una organización sin fines de lucro tiene más edad y experiencia. Unos años antes susurré: «Un día quisiera ser directora» y, para mi sorpresa, la iglesia en la que yo ayudaba necesitaba una nueva, y pensaron que yo era ideal para la posición, solo Dios sabía que soñaba yo con ese trabajo. Cuatro años después, y continuando con el apoyo a la comunidad, la policía del Condado de Suffolk, siendo uno de los departamentos más grandes en Estados Unidos, vio mis esfuerzos y creó un trabajo para mí, que fuera el enlace con la comunidad, informándola para que tuvieran poder. La policía vio algo en mí que ni yo sabía que podía hacer, informar a todo un condado y poder darles las respuestas a sus dudas. A los 34 años fui escogida como Concejal/Trustee de la aldea de Patchogue, convirtiéndome en la primera hispana en llevar ese cargo y la más joven Concejal de Patchogue.

Todas estas bendiciones comenzaron cuando me embaracé y tuve a mi nena, ya que ella me da las fuerzas de ser mi mejor versión, muchos pensaban que mi futuro se había acabado, pero para mí era el comienzo de una vida llena de amor y sueños. Cuando algo se vuelve difícil es porque la recompensa es grande. He conocido a muchas madres solteras y también a muchas madres jovencitas, y cuando me hablan de ser mamá y sus dificultades, les digo: «No te preocupes, todo saldrá bien, ya que tienes tu más grande bendición».

Moraleja: No dejes que nadie dicte tu historia, solo con la bendición de Dios tú puedes decidir la vida que quieres. Soy completamente testigo de que a veces la vida nos da pruebas muy fuertes, pero esas pruebas, si uno lo acepta, pueden ser tu más grande bendición, y cuando tú no puedas aceptarlo, Dios te ayuda durante el proceso. Lo más importante que me ha ayudado a mí es ser muy agradecida hasta cuando es duro; ser agradecida te ayuda inmensamente. Siempre podemos ver el vaso a la mitad, vacío o mitad lleno, pero eso solo uno lo puede hacer. Como madre soltera, primera generación en los Estados Unidos, poca educación y llena de traumas, mi estadística tuvo que ser muy diferente de lo que soy ahora: una mujer feliz, llena de vida, agradecida, con una hija, licenciada, mujer trabajadora, luchona, concejal representando una aldea, mujer con negocios, mujer que agencias de gobierno quieren escuchar sus recomendaciones; esa es la mujer que soy. No acepté que una estadística dominara mi futuro. Si yo lo pude hacer, tú también; cree en ti porque todo tiene solución. ¡No necesitas que alguien más crea en ti, solo necesitas una persona que crea en ti, y esa personita eres tú! A las mamitas solteras o las mamás jovencitas, que a lo mejor la sociedad «piensa» que el futuro de ustedes se terminó, les quiero decir que recién comenzó.

MUJERES QUE SE ATREVEN Y SUPERAN LÍMITES

LIZBETH CARRILLO

# BIOGRAFÍA

Lizbeth Carrillo tiene una licenciatura en Sociología, es mejor conocida como la primera persona latina en ser escogida como concejal de su pueblo. También ha llegado a ser un recurso importante de guía para agencias gubernamentales que quieren aprender cómo ayudar a la comunidad hispana y ha sido una oportunidad para Lizbeth explicar y enseñar la importancia de nuestra cultura y lenguaje. Quién pensaría que esa niña iba a llegar a romper barreras.

Emigró a los Estados Unidos a los 4 añitos y comenzó su activismo desde niña, cuando le fascinaba ayudar a sus familiares y vecinos con el idioma inglés, convirtiéndose en intérprete. La fuerza de Lizbeth viene de sus padres y hermano, que siempre creyeron y apoyaron sus sueños.

Debido a su dedicación con la comunidad, ha recibido proclamaciones, certificados y reconocimientos de diferentes oficiales electos. Fue esencial durante la pandemia, cuando era una necesidad tener a alguien que pudiera hablar español y que fuera una fuente directa con las agencias estatales, que eran los únicos que podían ayudar. Por ejemplo, Lizbeth fue la primera que ayudó a traducir la información que compartía el ejecutivo del Condado de Suffolk para que la comunidad se informe y no se vuelvan víctimas.

Lizbeth cree profundamente en ayudar a todos, y cuando la pandemia comenzó y muchos no tenían comida, ella y sus voluntarios hicieron el más grande esfuerzo de estar abiertos y dar alimento a toda una comunidad. También fue esencial y tuvo la oportunidad de ayudar a llenar la aplicación para las vacunas de covid a todas las personas de la tercera edad, personas que no sabían inglés y personas que no tenían el recurso de una computadora o internet.

Las ganas de triunfar llegaron cuando se volvió madre soltera, desde que se embaraza, y tiene que triunfar para que su hija, Leila, vea que todo es posible. Liz, como muchos le llaman, es conocida como concejal de su aldea, directora de una dispensa de alimentos, enlace comunitaria con la oficina del alguacil y, por supuesto, comenzando una aventura de negocios. Muchos pueden pensar que ser madre soltera significa una mujer vencida, pero es completamente al contrario. Leila, su más grande bendición, le dio las ganas de seguir adelante y continuar rompiendo estereotipos, ya que es primera generación inmigrante, madre soltera y muchas cosas que en un futuro compartirá.

## Redes sociales

Lizzyliz___1111

Linktr.ee/lizcarrillo

## MAGIA... ES LO QUE SALE DE TI CUANDO ENTIENDES EL MENSAJE
### POR LUISA FERNANDA ROMAN

Desde niña soñaba con ser una gran profesional, ser dueña de una empresa y viajar por el mundo. Mi padre, que en paz descanse, siempre me decía: «El que estudia tiene derecho a todo», y desde muy pequeña esa fue mi misión: estudiar, tener buenas notas y convertirme en esa gran profesional que tanto soñaba.

Nací y viví en Colombia hasta mis 14 años, desde entonces, vivo en la ciudad de Nueva York. Me gradué del bachillerato con honores, fui la estudiante número 25 de mi clase. En septiembre del año 2000 comencé la universidad, recuerdo sentir tanta emoción, me encantaba estudiar. En el 2002 me gradué con un asociado en Administración de Empresas, y mis sueños los sentía cada vez más cerca, continué estudiando. Me inscribí para iniciar una licenciatura en Administración de Empresas, un año después de estar estudiando, quedé embarazada y me convertí en mamá a mis 22 años, pero mis sueños aún no cambiaban ni paraban ahí.

Mi hijo nació al final del verano del 2004. Mi novio y yo lo teníamos todo planeado. Él ya se había graduado de la universidad y trabajaría un poco más, yo tomaría ese semestre libre para cuidar de nuestro bebé y retomaría mis estudios en la primavera, todo seguiría «normal», tal y como lo habíamos planeado, todo iba a estar bien.

«¡Un bebé te cambia la vida!» Recuerdo haber escuchado esta frase cientos de veces. Pero nunca me detuve a analizar, pues mi embarazo no cambió ninguna de mis metas ni mis sueños; por el contrario, le dio más fuerzas a mis ganas de hacerlos realidad y, para mi fortuna, contaba con una pareja que compartía esos mismos sueños, creía en mí y siempre me demostró su apoyo incondicional.

Mi vida cambió unas horas después de haber nacido mi hijo. A la 1:45 de la madrugada, un doctor y dos enfermeras entraron a la habitación donde me habían subido después del parto, yo estaba sola, mi pareja se había ido a casa porque en esa unidad de maternidad no se permitían hombres durante la noche. Las dos enfermeras confirmaron mi identidad gracias a la pulsera de paciente que yo llevaba y me informaron: «Señora Roman, su bebé necesita una colostomía de emergencia, por favor, firme aquí, debemos transportarlo a otro hospital de inmediato o va a morir». No recuerdo tener ninguna reacción, no lloré, no grité, firmé todos los documentos rápidamente e intenté pararme de aquella cama porque, en mi mente, yo iría en la ambulancia con mi bebé a ese otro hospital: «Lo sentimos, usted no puede ir con su bebé, acaba de dar a luz y debe permanecer aquí dos días», me dijeron. Una de las enfermeras salió del cuarto rápidamente con todos los documentos firmados, recuerdo escucharla correr por el pasillo y la otra me ayudaba a sentarme mientras el doctor hacía un dibujo para explicarme qué era una colostomía. Recuerdo estar muy confundida pero tranquila, seguía sin llorar, en mi mente todo iba a estar bien. Minutos después de que el médico salió de aquella habitación, entró mi pareja, desconsolado, rompió en un llanto imparable mientras trataba de explicarme qué estaba sucediendo. En ese momento reaccioné y llamé a la enfermera para pedirle que me quitara el suero intravenoso que tenía puesto y que llamara a mi doctor y le dijera que yo necesitaba ir con mi bebé. El doctor llamó a la habitación y me negó el alta, me advirtió que no podía dejarme salir del hospital por el alto riesgo de una hemorragia. Me ordenó que permaneciera en la cama con el suero por un par de horas más y me informó que vendría a verme alrededor del mediodía.

Yo le exigí que diera la orden de que me quitaran el suero y le dije que no me iba a quedar. Firmé los documentos para salir en contra del consejo médico y salimos de aquel hospital cerca de las 4:30 de la madrugada. Mi hijo había sido trasladado a un hospital de niños a una hora de donde vivíamos. Llegué a ese hospital deseando poder ver a mi bebé, abrazarlo y besarlo. No pude verlo hasta horas después, seguía en cirugía y lo pasarían a la unidad de cuidados intensivos neonatales. Me pidieron que esperara al doctor en un cuarto con las paredes muy coloridas y con muchos dibujos, recuerdo que había música clásica de fondo. Un grupo de médicos entró y procedió a explicarme las razones por las que mi bebé había necesitado una colostomía, me dieron la noticia que yo pensaba había cambiado mi vida. Mi hijo había nacido con un síndrome llamado VACTERL, en el cual se presentan anomalías vertebrales, anales, cardiacas, traqueales, esofágicas, renales y de las extremidades, síndrome que ocurre en 1 de cada 5000 bebés. Me sentía aturdida, realmente no procesaba lo que estaba sucediendo, ni imaginaba cómo sería nuestra vida a partir de ese momento.

Mi hijo pasó cinco días en cuidados intensivos en una incubadora donde solo lo podíamos ver, no lo podíamos acariciar ni tener en nuestros brazos, porque el contacto físico le causaba dolor. Yo seguía igual, confundida, pero sin llorar, por alguna extraña razón, no me daban ganas de hacerlo. Llegó el día en el que por fin pudimos abrazarlo y besarlo, no quería soltarlo. Esa madrugada, al regresar a casa, me derrumbé, lloré por primera vez desde aquel 24 de agosto. Sentía mucho miedo y angustia al pensar en el futuro, sentí que mi vida había parado ahí, ahora me tocaba aprender a vivir y cuidar de mi bebé totalmente diferente a lo que había leído en los libros sobre cómo ser madre, diferente a como lo había imaginado y planeado. Y, por primera vez, vi mis sueños y anhelos muy lejanos. Después de diez largos días escuché: «Puedes llevarte tu bebé a casa» y ahí comenzó nuestro viaje. Mi hijo necesitaría unas cuantas cirugías más para corregir sus condiciones y un cuidado diferente al de un bebé de 10 días de nacido. A los seis meses, le cerraron su colostomía y yo regresé a la universidad, dispuesta a terminar mi carrera, como lo habíamos planeado.

Desafortunadamente, su papá y yo nos separamos un mes después de que mi bebé cumplió su primer año, seguimos siendo un equipo y los mejores padres para él. Siempre fue mi mejor amigo, mi mejor amor. Logré terminar mi carrera; con muchos sacrificios, lo logré. Trabajaba de día, estudiaba dos días a la semana en las noches y los otros días llevaba a mi hijo a sus terapias. La vida transcurría. Una semana antes de graduarme, recibí una llamada de la oficina de empleo de la universidad: «Luisa, existe una gran oportunidad de trabajo para ti, Revlon, la marca de maquillaje, necesitan una asistente para el mánager de mercadeo y tu perfil y hoja de vida les llamó la atención», me dijeron. Sin pensarlo dos veces, apliqué, pasé la entrevista y recibí una oferta laboral. Dos días después, mi hijo desarrolló una alta fiebre, terminamos en el hospital con una infección de orina y con la noticia de que su riñón derecho había dejado de funcionar y tendrían que sacárselo. Pasamos varios días en el hospital y yo perdí mi oferta, Revlon no podía esperar para llenar esa vacante. Mi hijo salió muy bien de su cirugía y yo comencé a sentir miedo y dejé de trabajar por mis sueños, los veía una vez más muy lejanos y no realistas.

El 12 de julio del 2010 fue el día que mi vida y mis planes realmente cambiaron. «Su hijo sufre de autismo en un alto grado, esta condición no tiene cura, solo tratamientos y, como ya tiene 6 años, está atrasado en recibir servicios, el diagnóstico debió ser a sus 2 años, lo sentimos mucho», procedió el doctor a explicarme un reporte de ocho hojas. No recuerdo nada de lo que me dijo, únicamente: «No tiene cura y está atrasado». Yo estaba aturdida, no recuerdo cómo salí de aquel edificio, solo tengo memoria de cuando me subí a mi carro y rompí en llanto, encendí el motor y manejé por una hora y veinte minutos sin poder parar de llorar, erróneamente me transporté al futuro, al futuro que no existía, y me llené de miedos, incertidumbres y de preguntas, como «¿Qué va a pasar con él cuando sea adolescente y adulto, el día que yo falte?». Me invadía una inmensa tristeza y seguía llorando sin consuelo. Antes de llegar a casa, paré en la librería y compré los únicos cuatro libros disponibles que hablaban sobre qué era el autismo. Me senté en aquel piso alfombrado de esa librería y volví a romper en llanto. En aquel tiempo, y en mi mente de solo 28 años, yo iba a «curar» a mi hijo, ese era mi nuevo plan, curar el autismo de Mateo.

Me dediqué a leer y aprender sobre todos los tratamientos, dietas y hasta los métodos no convencionales que existían en esos tiempos, hace trece años. Lo llevaba a terapia todos los días de la semana, mi hijo aprendió a caminar, hablar, a escribir y a leer, y socialmente se empezaba a desarrollar muy bien, venciendo todo pronóstico, estaba tan orgullosa de él, pero me sentía agotada y emocionalmente desconectada, muy dentro de mí yo quería que las cosas fueran diferentes y seguía intentando «cerrar» ese espacio de tres años «perdidos» de su aprendizaje. Pasó el tiempo, en ese lapso conocí a alguien, me casé, tuve otro hijo, para esa época ya mi hijo tenía siete años y todo comenzó a cambiar, ya no era elegible para ciertos tratamientos y la compañía de seguros dejaba de cubrir cada vez más terapias, porque, ante sus estándares, había progresado tanto que ya no era elegible.

**Todo lo que deseas está en el otro lado del miedo**

Una mañana, después de observar a Mateo «ayudarme» a vestir a su hermanito, mientras repetía cada palabra de las prendas («pañal, media, pantalón»), me di cuenta de la ternura y dulzura con que le hablaba a su nuevo compañero de viaje, me di cuenta de que ya no necesitaba toda la sobrecarga académica y social que, quizás, estaba recibiendo por mi afán de querer cerrar aquel espacio que, en mi mente, era tan necesario y tan vital para su desarrollo.

Cuando solté toda la necesidad de querer «curar» la condición de mi hijo, fui más feliz y un poco menos temerosa de aquel futuro, debo admitir que el miedo no se ha ido totalmente de mí, pero trabajo en él, no dejo que sea la emoción predominante de este viaje. Le agradezco eternamente por escogerme como su mamá, me ha enseñado a pausar y a confiar en el proceso. Lo único que cambiaría es que su papá aún estuviera con nosotros, pero, desgraciadamente, perdió su batalla contra el cáncer en abril de 2021.

Mi invitación es a que aprendamos a no dar significado a nada de lo que nos sucede o sucede a nuestro alrededor, de no enfocarnos en lo que pudo ser, en confiar y dejar fluir todo proceso. Hoy en día, Mateo tiene 18 años, se graduó del colegio, estudia cocina en una academia para adultos especiales, trabaja medio tiempo después del colegio y asiste a clases de DJ, su sueño es convertirse en un DJ famoso, ¡sí! Así como lo leen, le encanta la música, es otra persona cuando está detrás de un mezclador. Él mismo me pidió que les cuente en sus palabras: «Tu *mijo* es un DJ», y me pidió mencionar que su hermano menor, su mejor amigo, sueña con ser un jugador de fútbol. Mi hijo menor, «mi amor chiquito», como acostumbro a llamarlo, ha sido la otra pieza clave y bendición de este viaje. A sus 11 años, asumió con mucha madurez el diagnóstico de su hermano mayor, es empático ante sus necesidades y comprensivo al entender que mamá a veces debe estar más para su hermano que para él. Lo ama y protege como si él fuese el hermano mayor. Siente un gran orgullo por su hermano; cuando le preguntan sobre él, siempre sonríe y expresa cuánto lo inspira y lo mucho que inspira a todos los que están a su alrededor, en sus palabras: «My brother is simply amazing», dice.

Actualmente, estoy divorciada, cambié de profesión, ejerzo como trabajadora social, no la carrera que tanto soñé, aún no soy dueña de mi propia empresa. Soy muy activa en la comunidad, en mi tiempo libre actúo como la directora ejecutiva de un proyecto donde otorgamos becas a estudiantes de bachillerato que quieren ir a la universidad. No estoy dónde deseo estar, pero tengo la confianza y certeza de que lo estaré, he aprendido a confiar en el proceso y en lo que el destino y el universo tienen para mí y que mi mundo se crea y se recrea dentro de mí.

# BIOGRAFÍA

Luisa Roman nació en Colombia, radica en Bay Shore, Nueva York, desde sus 14 años. Mamá de Mateo y Noah. Graduada de Bay Shore High School con experiencia en el servicio a su comunidad local por más de 10 años. Actualmente, trabaja para Northwell Health, el sistema de salud más grande de Nueva York, donde ayuda a encontrar asistencia social y médica para personas mayores y personas con afecciones crónicas, abuso de sustancias y trastornos mentales.

Luisa ha sido mentora y ha impartido clases de inglés como segundo idioma, además de alfabetización en su biblioteca local. Hoy en día es la directora ejecutiva de The Knowledge Project, una organización que reconoce la importancia de empoderar a los estudiantes y ayudarlos a que continúen su camino profesional, a través de capacitación y becas.

Luisa tiene una licenciatura en Negocios y Finanzas de Dowling College, y en 2008 obtuvo una maestría en TESOL y Educación Bilingüe de la Universidad de Hofstra. Apoya múltiples causas y organizaciones sociales, donando su tiempo y conocimiento para llevar a cabo actividades al interior de la comunidad. Recientemente, se convirtió en el nuevo miembro de la junta asesora de mujeres de su condado, y es miembro de la junta de la organización 100 Mujeres Hispanas en el programa de Long Island.

Luisa ha sido invitada como oradora en conferencias como «Sí se puede», organizada por LIEOC (Long Island Opportunity Center) y Mentoring Lunch por LILTA (Long Island Teachers Association). También ha recibido reconocimientos por su aporte y contribución a su comunidad y a grupos de padres de niños con necesidades especiales, durante el mes de la mujer y el mes de la herencia hispana. Disfruta de los atardeceres y de un buen café con personas afines en alma. Su lema: «Todo lo que deseas está al otro lado de miedo».

Redes sociales

Personal: Luisa Roman

The Knowledge Project

Instagram Personal: luisa_roman

Instagram: theknowledgeprojectli

# SER COMO PUENTE
## POR MARIALY GONZALEZ

Soy hija de Dios, polvo de estrellas y ciudadana del Universo. Nací en Gómez Palacio, Durango, México, a mediados de los años 50, en un área desértica, con gente buena y trabajadora. Estoy orgullosa de mis ancestros y sigo sus ejemplos de ayuda al otro y de superación. La historia de mis abuelos y la mía es la misma de tantos que viven cerca de un país poderoso, en donde se cruzan fronteras, yendo y viniendo, entrelazando familias y culturas.

Vivo en Texas. Desde inicios del siglo XX, mi bisabuelo materno trajo a su familia a Estados Unidos, huyendo de la Revolución de Pancho Villa. Después de tener a sus hijos acá, mi abuela materna regresó a México. Mi abuelo paterno fue farmacéutico y abrió la primera botica de Gómez Palacio. Junto con su familia, pusieron también la primera gasolinera, escuela y el primer periódico. Mi abuela materna nos crio amorosamente. Me contaba historias fascinantes de la familia entera.

Mi padre se dedicó a las leyes y, siendo diputado, logró proteger el patrimonio familiar, así como dos días de descanso (solo había uno) de la jornada laboral. Mi madre, después de criar ocho hijos y ya en sus cuarenta, regresó a estudiar. Colaboró en la fundación de una escuela nocturna de secundaria y preparatoria en la que después se graduó. La vi esforzarse para estudiar y luego trabajar como maestra. Fundó también una casa hogar de orientación para menores.

Cuando nací, siendo mujer y después de seis hombres, ya se imaginarán la algarabía familiar y en el barrio. Mi hermanita llegó 6 años después de mí y a ambas nos cuidaron como princesas. Mis hermanos ponían discos de The Beatles, bailábamos el *twist* de Elvis Presley y cantábamos canciones de Enrique Guzmán y Angélica María, todo era fiesta.

Estudié en un colegio privado de monjas toda mi infancia y adolescencia. Conservo a mis amigas-hermanas de entonces, compañeras desde maternal y algunas hasta de la universidad. Ellas y mi familia son mi ancla emocional.

Mis primeros años estuvieron llenos de música y amigos. Tocaba la mandolina en la estudiantina de la parroquia, la guitarra en la rondalla del colegio y fuimos pioneros de un grupo de rock en la iglesita: «Del pueblito».

Un tiempo me fui de monja con un grupo de misioneras a la sierra de Veracruz. Fue una experiencia maravillosa, teniendo comodidades en casa, para mí era una aventura estar sin agua potable. Bañarme en el río y perseguir mi champú, que se lo llevaba la corriente, ¡era de lo más divertido! Lo mismo era ir tras la ropa o el jabón que se llevaba el río cuando lavaba. O tener que soplar las cenizas de la tortilla quemada por la leña, eran sabores nuevos para mí. Las incomodidades nunca las sentí como tal, lo juro. Evangelizábamos mientras recogíamos las bolitas rojas del café junto a los campesinos y comíamos lo que ellos y con ellos. Fui consciente de que, si me pagaran lo que recogía, no me alcanzaría para vivir. Después, papá falleció y dejé el grupo religioso para trabajar y ayudar a mamá con los gastos que deja el cáncer.

En Monterrey trabajé en un hospital como nutricionista y estudiaba Medicina. Mi primer «momento de madurez» que recuerdo fue sentada en la banqueta de una calle. El dinero de la colegiatura no estaría a tiempo y sin el pago no podría presentar los exámenes. Yo quería que mi madre fuera a hablar con el director en la universidad y le explicara, pero no alcanzaría a llegar con cuatro horas de distancia, tenía que resolverlo yo. Toda temblando, hablé con el director en su enorme oficina que me intimidó, le expliqué y cuando al final me dijo: «Está bien, no te preocupes», sentí que yo podría hablar hasta con el mismo presidente de la República Mexicana. Y de ahí pa'l real, esa es la sensación que recuerdo cada vez que la preciso.

Al tiempo, cambié de carrera y de universidad a algo que pudiese pagar. Porque a pesar de tener varios trabajos, el hospital, dar clases y tocar la guitarra en un restaurante, corría todo el tiempo, pues estaba pagando también mi casa, el terreno y el coche, ufff. Con todo y eso, saqué otra licenciatura: Psicología.

En la Ciudad de México, fui gerente en el Hospital Inglés y en diversas empresas americanas hasta llegar a la Dirección Corporativa de Recursos Humanos de siete empresas europeas. Disfruté de posgrados y viajes laborales pagados por mi trabajo. En algún momento por ahí, viví en California, Estados Unidos.

Mi vida privada dio un giro, me separé de mi pareja de 10 años, y ha sido uno de los aprendizajes más fuertes que me ha tocado vivir. Después de esa experiencia personal de dolor, y de un largo viaje por Europa para tratar de recuperar mi paz interior, mi madre me acogió con mis alas rotas. Volví a mi pueblo un tiempo, y esta fue otra etapa muy linda de mi vida, conviviendo con mi madre siendo ya adulta.

Por un tiempo, me enfoqué en el trabajo, viajando por todo México como asesora empresarial en Desarrollo Organizacional y Humano. Estuve años en un programa de televisión hablando de Psicología, contestando preguntas de llamadas en vivo, y eso me hizo famosilla como «la Dra. de la tele». Me involucré en la política de mi país, para lograr cambios que sí se dieron a nivel nacional. En la Universidad Iberoamericana cursé Desarrollo Humano, tomé clases de tenis, golf y aquaeróbics, entre otras cosas; tuve un par de amores por ahí y todo eso ayudó a mi recuperación emocional.

En algún momento, sentí «dar otra vuelta» y me vine a Austin, Texas, a hacer una maestría en Psicología. Mi madre me dijo: «No te olvides de tu gente» y «cuando te pase algo malo, búscale lo bueno». Entre tantas otras frases que siguen guiando mi vida.

Cuando inicié la maestría, tenía más de 40 años de edad, mi acento norteño siempre ha sido muy fuerte, según yo, hablaba inglés, pero nadie me entendía, ja, ja. Fue un reto para mí correr en las universidades en busca de información. Momentos difíciles fueron las madrugadas frente al computador, estudiando y haciendo tareas sin entender, no solo el inglés técnico, sino los ejercicios matemáticos y de estadísticas, así como los nombres complicados de química y funciones del cerebro, como la neuroanatomofisiología, me recuerdo desesperada solo viendo la pantalla y los libros, sabiendo que tenía que entenderle, para poder pasar los exámenes. Le pedía a Diosito con mucha fuerza que me enviara a sus ángeles para que me ayudaran a entender, pero que supieran de Matemáticas, Física,

Química y, además, que fueran bilingües, si no, pues, cómo, ja, ja, ja.

Todavía me acuerdo que lloraba, desesperada me recargaba en la pared y me caía al suelo, resbalándome lentamente con la espalda apoyada y gritando, sí, gritándole a Dios por ayuda.

Para estar cerca de la universidad, cuidaba a una dulce viejita, viviendo yo en su linda casa. Yiyi estaba en silla de ruedas y necesitaba ayuda para todo. Ella viajó mucho y trabajó en la Casa Blanca, así que tenía mil historias. La atendí con mucho amor; sin embargo, sobre todo al principio, cuando la aseaba después de ir al baño, de repente me entraba lo que llamo «el ego del choque cultural», me acordaba de cuando yo era «la Directooora Coorportiiiva de bla-bla-bla»... y me preguntaba: «¿Qué estoy haciendo aquíííí, limpiando traseeerooos?», y me tocaba romper el ego con caridad cristiana, lo hice con mucho cuidado y respeto, yo sabía que ese no era mi trabajo permanente, que era solo temporal y cuando ella me decía que le daba pena ese tipo de ayuda, siempre le dije de corazón que cuando me tocara a mí que me ayudaran, ojalá que lo hicieran así, con ese cuidado y respeto que lo hacía yo.

Un día, ella se enfermó y le supliqué: «¡Yiyi, no te mueras! ¡Te necesito!». Ella, calmadamente, me preguntó: «¿Para qué, para qué me necesitas tú?». Y le dije sin pensar: «Es que, si te mueres, ¿a quién voy a cuidar y en dónde voy a vivir? Todavía no termino de estudiar, Yiyi». Ella soltó la carcajada y me dijo: «Nunca pensé que postrada en una cama pudiera ser útil para alguien», y las dos nos reímos largo rato, mientras yo no sabía dónde esconderme de la vergüenza por lo que dije... «Oh, Dios, dame prudencia», me decía a mí misma.

Mi primer encuentro de lo que hago ahora de Inmigración fue durante mi internado en un refugio, en donde necesitaban a alguien que hablara español y yo me sentía de «¡Guau, me pagarán por hablar mi idioma, *yeah*!». Pero, oh, nunca imaginé que ahí estaba mi misión. El tiempo con las monjas, el ambiente amoroso de mi familia y los grandes retos profesionales que tuve anteriormente fue lo que me preparó.

Ahí aprendí lo de la Visa U, que beneficia a los inmigrantes que son víctimas de delito, sus familiares y testigos. Para mí fue un *shock* emocional, filosófico y hasta teológico trabajar con niños víctimas de abuso físico y sexual. Me fue difícil procesar esas realidades espantosas. Recuerdo a mi supervisora haciéndome entender que no todas las mamás, ni todas las familias eran buenas como la mía. Lloraba seguido y quería salir corriendo de ahí, pero no podía, moralmente hablando.

Ahí fue también mi «bautizo de fuego» en las cortes, como psicóloga, en las áreas familiar y de inmigración, no había de otra, me tocaba a mí, eran mis clientes. Responsabilidad profesional, ética, moral y legal. Tuve que enfrentarlo, prepararme, estudiar, entender y orar para ser valiente. Podía cambiar de trabajo, sí, claro; pero no me atreví a dejar a esos chiquitines.

Recordaba a la Madre Teresa de Calcuta y pedía su humildad y fuerza. Recordaba personajes históricos como Miguel Ángel y su Capilla Sixtina. Él se sentía más escultor que pintor y no quería hacerlo, además, le era doloroso en su espalda por la posición de pintar el techo, no obstante, era él quien sabía hacerlo. Yo pensaba: «Me toca a mí, yo soy la que está aquí ahora por algo» y oraba: «Dios, dame fuerza, pon en mí tus palabras, lo que ellos en corte necesitan escuchar, lo que el oficial de Inmigración necesita encontrar en mi reporte, úsame como puente para ayudar a estas criaturas, mis clientes», hasta la fecha sigo repitiendo eso.

Al terminar el internado tuve otros trabajos que me gustaron mucho, me mandaban de viaje dentro y fuera de Estados Unidos. Fui supervisora clínica de otros supervisores clínicos en el extranjero. Simultáneamente, puse mi consultorio privado. Empecé a tomar casos difíciles que nadie quería. Abogados me enviaban cada vez más clientes por lo de mi español, y aprendí otros procesos que puedo hacer para ayudar. Se empezó a correr la voz de mi trabajo entre los abogados y gente que me encontraba en los centros de detención, cárceles y cortes. Me empezaron a buscar abogados y clientes de todo Estados Unidos y también de fuera del país. Antes de la pandemia, ya atendía por teléfono y videollamada internacional. Ahora, yo les mando clientes a los abogados.

Llegó un momento en que renuncié a mi trabajo en la empresa y ahora me dedico solo a esto, donde se requiere no solo de la licencia del Estado y saber hacer los reportes, sino también de conocer otro idioma, entender otras culturas y, sobre todo, vocación.

Mi trabajo como psicóloga, de acuerdo con las leyes de Inmigración de Estados Unidos, puede lograr el perdón de la deportación, probando el sufrimiento emocional extremo de un familiar directo del inmigrante que sea ciudadano o residente de Estados Unidos. También visas especiales a inmigrantes víctimas de delito U (Violencia doméstica, asalto físico/sexual), VAWA (para inmigrantes casados con ciudadanos o residentes que les abusan emocionalmente), - T (Tráfico humano) y seis tipos de asilo.

Hay muchas formas de arreglar y la gente no sabe que tal vez califique para algo de esto. Por eso es importante informar y ayudar al otro, ser como puente.

**MUJERES QUE SE ATREVEN Y SUPERAN LÍMITES**

MARIALY GONZALEZ

# BIOGRAFÍA

Marialy Gonzalez, LPC-Licensed Professional Counselor. Se especializa como psicóloga en asuntos de Inmigración de EU.

Con más de 40 años de experiencia profesional bicultural, acude a las cortes federales de Estados Unidos como perita experta en Psicología y Latinoamérica. También testifica en las cortes de lo familiar y acude a los Centros de Detención y Cárceles.

Su trabajo es probar el sufrimiento emocional extremo de un ciudadano o residente, familiar directo del inmigrante, y esto puede lograr el perdón de la deportación.

También ayuda a lograr visas especiales, como la VISA U, probando el sufrimiento de los inmigrantes, sus familiares y/o testigos, que han sido víctimas de un delito, como violencia doméstica, asalto físico o sexual.

En VAWA prueba el sufrimiento emocional del inmigrante cuando es producido por su esposo(a)/pareja o hijo que es ciudadano o residente. Aplica en hombres, mujeres y parejas del mismo género.

El reporte psicológico ayuda también en la Visa T de Tráfico Humano, Laboral, Sexual. Y seis tipos de asilo.

Realiza su trabajo en persona y por videollamada, también a nivel internacional. En ocasiones, al inmigrante ya lo deportaron y es posible traerlo.

Marialy solo realiza el trabajo psicológico y refiere al cliente con abogados especializados cuando no tiene uno.

Maestría en Psicología en 2000. Universidad de Mary Hardin-Baylor, Belton TX. USA Honores de PsiChi, The National Honor Society in Psychology.

De su trayectoria en México: asesora independiente de Desarrollo Humano y Organizacional. Directora corporativa de recursos humanos en empresas multinacionales.

Lic. en Psicología. 1980. Lic. en Nutrición 1976. Múltiples posgrados en Desarrollo Humano y Organizacional.

Escritora *best seller* en USA y México de *Recetas con sentido*. 2022. *Recuerdos de una madre*, USA 2018. *Diabetes y obesidad en México*, 1976. Estos cuatro libros, incluyendo el presente, en coautoría.

Mexicana radicando en Austin, Tx, ya por décadas. Ha recibido múltiples reconocimientos por su labor social en pro de la mujer. Ya le dio la vuelta al mundo, cruzado las barreras del tiempo varias veces. Ha disfrutado de la aurora boreal en el Ártico del Polo Norte y caminado sobre los glaciares patagónicos del Polo Sur. Le gusta cantar, tocar la guitarra y el tambor. Disfruta el ecoturismo, bucear y el senderismo internacional.

Redes sociales

Tel. WhatsApp +1-512-913-3287

Marialy Gonzalez LPC

www.MarialyGonzalez.com

Instagram marialy.gonzalez.50

youtube.com/channel/UC12YPp4GuLlbnCOSB96ZKdg

## SIN SACRIFICIO, NO HAY VICTORIA... TODO LOGRO TIENE UNA HISTORIA DE SUPERACIÓN Y RESILIENCIA
### POR MARIBEL SANTOS PÉREZ

Mi nombre es Maribel Santos Pérez, procedo de una familia muy humilde de República Dominicana, soy la única hija y la mayor de cuatro hermanos de una madre soltera. Como cualquiera puede pensar, mi madre tenía que trabajar de más, haciendo horas extras para pagar los estudios y los otros gastos que sus cuatro hijos necesitaban; por ello, alrededor de los 7 años de edad, tomé la decisión de decirle a mi madre que no era necesario que le pagara a nadie para que nos cuidara, que yo me podía quedar con mis hermanos pequeños, atenderlos y cocinarles, asumiendo, a decir de mi madre, una gran responsabilidad; obligación que tenía que compaginar con ir al colegio a primerísima hora de la mañana. Por otra parte, mi padre tenía hijos de diferentes matrimonios, de lo que resulta que, en realidad, soy la mayor de 15 hermanos.

Los primeros meses, cuando me hice cargo de las tareas domésticas y del cuidado de mis hermanos, fueron difíciles, pero una vez que le cogí el ritmo, todo iba rodado. Mis calificaciones no bajaron, por el contrario, asumía más y más compromiso. Tenía una gran maestra que me decía: «Vas a ser una excelente profesora». Realmente acertó, porque cuando estaba haciendo octavo de primaria en el colegio donde estudiaba, empecé a ayudar a los niños de primaria por la tarde, con el objetivo de que me becaran, tanto a mí como a mis hermanos y así, cada año fui dando clases en cursos de más nivel, incluso a mis compañeros y compañeras del mismo curso, les daba repaso tanto los fines de semana como en vacaciones; con el pasar de los años escolares, terminé siendo profesora de Matemáticas, Física y Química de los alumnos de bachillerato.

Igualmente, desde que tenía 13 años, colaboraba con diferentes proyectos de voluntariado con ONG en el sector donde vivía en Santo Domingo, República Dominicana, participando en algunos, como el de reconstrucción de escuelas para niños de escasos recursos o construcción de puentes, y en cuestiones como en la orientación del seguimiento de la planificación familiar de las mujeres y el control de la natalidad infantil. Creo que de esa etapa de mi vida nació mi amor por la Ingeniería.

**Ayudando a uno de los tuyos, te ayudas a ti mismo. La solidaridad es un pilar fundamental de la humanidad.**

Posteriormente conseguí una beca para estudiar Magisterio en la Pontificia Universidad Católica Madre y Maestra (PUC-MM), donde más tarde me gradué de profesora. Mientras tanto, en paralelo, estudiaba Ingeniería Civil en la Universidad Autónoma de Santo Domingo (UASD), a la vez que daba clases a domicilio a los hijos de los más pudientes. De esta manera fue como logré terminar mi carrera y ayudar a mis hermanos para que ellos también pudieran estudiar.

**Sacrificarse es intentarlo mil veces sin saber si triunfarás, no es sinónimo de sufrir. Es sinónimo de que perseveramos y apostamos por lo que en verdad queremos.**

Durante esos años, al mismo tiempo que estudiaba en la universidad, trabajaba como becaria; posteriormente, me desempeñé como monitora, colaboradora en el proceso de inscripción de los alumnos y ayudante de profesor, a la vez que continuaba dando clases a domicilio. Una vez que finalicé mis estudios universitarios, obtuve un trabajo como supervisora de obra (asistencia técnica), daba clases en varias universidades y, en paralelo, estaba haciendo un máster con el que no me sentía a gusto, no llenaba mis expectativas, por eso un buen día me dije: «No me siento satisfecha con lo que estoy haciendo, quiero más crecimiento profesional». Fue en ese momento de mi vida que decidí emigrar a España, con el fin de estudiar para ampliar mis conocimientos e incorporarme al tan competente y profesionalizado mercado laboral europeo. Muchos de mis familiares y amigos no estaban de acuerdo con la vía tomada, ellos entendían que me esperaba un gran futuro profesional en mi país, pero esto no me desanimó ni me quitó mis ganas de buscar una mejor proyección profesional, tanto para mí como para mi familia. Os contaré que en aquel entonces mi verdadera ilusión era trabajar en una empresa europea de ferrocarriles, pero sabía lo mucho que iba a sacrificar con esta decisión y lo duro que iba a ser la vida de inmigrante sin tener familia ni, por el momento, un contrato laboral estable y mucho menos una situación de documentación en regla.

Al llegar a España, en abril de 2004, lo que más me llamó la atención es que había muchos profesionales haciendo otras actividades diferentes a lo que habían estudiado en sus países de origen, eso pudiera impresionar y desanimar a alguien que trataba de insertarse en el mercado laboral; sin embargo, eso me motivó para decirme que yo iba a ser una de las personas que sí lo iba a conseguir. En ese momento, la hermana de una amiga me dijo: «Maribel, sé que tienes tres carreras, pero lo único que te puedo ofrecer es trabajar en una casa de familia cuidando a un niño». No dudé en decirle que lo aceptaba, no era el empleo que yo buscaba, pero laboré en esa casa y así conseguí regularizar mi situación legal en España. En realidad, estuve encantada de desarrollar esas funciones, no me avergonzaban para nada.

Algo más de un año después, tuve que regresar a mi país de origen para visitar a mi abuela, que estaba en una fase terminal en su estado de salud. Yo la quería como a mi madre; en esos momentos, dentro de mí notaba una profunda pena, sentía tristeza por dejar ese trabajo y al niño que cuidaba (estábamos muy unidos), pero en esa etapa de mi vida tenía otras prioridades inmediatas que no podían esperar. Luego, a mi vuelta de la República Dominicana, me tuve que volver a poner a buscar trabajo de manera intensa; lógicamente, intenté conseguir trabajar en lo que había estudiado, pretendiendo que fuera en la titulación que había homologado en España, pero la realidad se impone a las ilusiones que nos hacemos las personas y me tocó, por segunda vez, trabajar en una casa de familia, en esta ocasión, cuidando a una señora mayor, de la cual guardo grandes recuerdos. Curiosamente, ella me relató que su padre había sido unos de los primeros ingenieros industriales de España, siendo uno de los que había participado en la construcción de la Estación del Norte (Estación de Príncipe Pío). La verdad es que fue una experiencia inolvidable y entrañable oírla contar sus historias familiares, aunque dicho empleo duró poco tiempo, lo llevo en mi corazón.

Como tenía mis objetivos claros, no paré en ningún momento de buscar trabajo, perseveré hasta que conseguí, por fin, mi primer puesto como ingeniera; y entonces me dije: «Ya empezamos a saltar las vallas de este camino de dificultades, hay que seguir luchando por nuestros objetivos».

**El talento no servirá absolutamente de nada si no lo acompañamos de esfuerzo y constancia durante todo el camino, el talento se pierde si no lo trabajas.**

A los seis meses de mi llegada a España, y después de haber presentado diferentes solicitudes, peticiones, etcétera, al Ministerio de Educación, obtuve la homologación de mi título de Ingeniera Civil y, al poco tiempo, terminé mi primer máster en España.

Al cabo de un año y ocho meses de haber llegado, después de haber enviado multitud de currículos y hacer numerosas entrevistas de trabajo, obtuve mi primer empleo en una empresa de mi sector. Este trabajo como ingeniera civil fue, a nivel personal, para mí toda una odisea; lo logré a través de una empresa de selección de personal, todo ello después de haber hecho más de 20 entrevistas y tener 6 ofertas de empleo en firme. Tras todo este periplo, tomé la decisión de quedarme con la empresa que yo entendía que me permitiría adquirir la experiencia y el dominio de algunas habilidades que consideraba necesarias para insertarme plenamente en el mercado laboral español.

En febrero del 2007, otra empresa líder en el sector del transporte se puso en contacto conmigo y me ofertó un puesto de trabajo mejor remunerado, con mayor responsabilidad y proyección profesional, acepté dicha oferta. Hoy en día, continúo en esta empresa y he ido promocionando; en la actualidad, soy experta en Prevención de Riesgos Laborales, pero sigo abierta a nuevos cambios que conlleven un ascenso y supongan mayores responsabilidades, porque para mí la vida siempre son nuevos retos e ilusiones.

Déjame decirte que es duro lo que he descrito anteriormente. En mi país, cuando tomé la decisión de venirme, ya había conseguido cierto nivel adquisitivo por ser supervisora de obras de Ingeniería y trabajar dando clases en la universidad; no obstante, sabía que la persona que persigue un sueño lo consigue si insiste, lucha y no desespera, la perseverancia, el trabajo y el esfuerzo obtienen recompensa. A todo lo mencionado anteriormente ha de sumarse que, en la década de los años 2000, en esta nuestra España coincidías con personas que, sea por prejuicios o por otras cuestiones, todavía me lo ponían más difícil. Mucha gente me decía que no perdiera el tiempo homologando el título, que para poder trabajar de ingeniera en España sería preciso que no hubiera ningún nacional con esa titulación en situación de desempleo; como ya he comentado anteriormente, yo, lejos de desanimarme, cobraba más fuerzas para seguir adelante; tenía que seguir intentando lograr aquello por lo que había dejado todo lo que tenía en mi país. Siempre he contado con la sabiduría cristiana que me fomentó mi madre en el seno del hogar, y creo haber contado con el apoyo de Dios en mi largo camino.

No ha sido fácil, ni mucho menos; ha sido muy difícil y doloroso, he tenido que recorrer un trayecto con muchas luces y sombras; te encuentras con buenas y malas personas, con situaciones indeseadas y no buscadas, que una va sorteando como puede. Al final, una decide siempre quedarse con lo mejor de cada una de las experiencias vividas, sacar de cada una de ellas la parte positiva y enriquecedora.

**Antes de decir que algo es imposible, reflexiona y piensa en primer lugar si realmente es así. La mayoría de las barreras nos las ponemos nosotros mismos.**

En el año 2015 me ofrecieron formar parte de una candidatura en el Colegio de Ingenieros Técnicos de Obras Públicas de Madrid, en ese momento no logramos la victoria, pero en el año 2018 fui candidata a vicedecana en el mismo colegio, y en esa ocasión sí que resultamos vencedores. Me convertí así en la primera mujer que ha formado parte de una Junta de Gobierno del Colegio de Madrid; actualmente, me siento muy satisfecha por lograr que cada día más mujeres se integren en los órganos de dirección de nuestro colegio. Tanto en el colegio a nivel local en Madrid, como a nivel nacional, promovemos el trabajo de la mujer y la representatividad de esta, objetivo con el que me siento especialmente sensibilizada.

Dentro del activismo social, comunitario, gremial, sindical y político en el que me desenvuelvo hay muchas cosas positivas y negativas; pero lo más importante, y por lo que me ilusiona lo que hago, es que mi principal fin es ayudar a las personas que me necesitan para lograr sus objetivos. Las ayudas y orientaciones nos vienen bien a todos y todas, y más cuando llegas a un país extranjero; en esas circunstancias tener a alguien que te sirva de guía es un lujo. Yo no tuve esa figura, pero me he propuesto ayudar a todo el que se encuentre en mi misma situación, y para ello, desde la asociación de mujeres que presido o desde cualquiera de los órganos a los que pertenezco, dedico todos mis esfuerzos.

Por otra parte, sin que parezca falsa modestia, he de resaltar con orgullo que he sido reconocida por diferentes instituciones como profesional destacada y por mis aportaciones a la comunidad.

El reconocimiento a la labor de ayuda a diversos colectivos vulnerables es algo que te llena de satisfacción y, a su vez, le demuestra a uno mismo que está haciendo lo correcto.

Hoy, muchos años después, tengo un hogar debidamente estructurado, comparto mi vida, mis proyectos y mis ilusiones con un hombre maravilloso, mi compañero de viaje. Su apoyo constante me ha servido de impulso en los momentos en que, como toda persona, he visto flaquear mis fuerzas. Este gran compañero no formaría parte de mi vida si yo no hubiera tomado la difícil decisión de partir de mi país de origen a una tierra extraña. Ni qué decir que ahora tengo dos países, una familia más amplia, muchos más buenos amigos que me acompañan en mi día a día, y muchos sueños cumplidos, pero continúo teniendo objetivos e ilusiones que quiero seguir desarrollando.

Por todo lo que os he relatado, espero que mi historia sirva de inspiración, motivación y humilde punto de referencia a muchas personas migrantes que, persiguiendo sus sueños, decidieron o deciden salir de sus países de origen para que cuenten con la ayuda y la ilusión necesaria, sin perder el foco en ningún momento de su vida. Especialmente, quiero que mis palabras sirvan a esas personas que no se atreven a dar el paso de homologar el título de su carrera en un país extranjero, por considerarlo, erróneamente, una pérdida de tiempo. Siempre merece la pena intentarlo.

MUJERES QUE SE ATREVEN Y SUPERAN LÍMITES

MARIBEL SANTOS PÉREZ

# BIOGRAFÍA

Maribel Santos Pérez reside en la ciudad de Madrid y originaria de la República Dominicana, estudió Ingeniería Civil y Agrimensura en la Universidad Autónoma de Santo Domingo (UASD), habiendo homologado su título en España al grado en Ingeniería Civil UPM, especialidad en Obras Civiles y Transportes. Igualmente, posee diversas maestrías: máster en Prevención de Riesgos Laborales (PRL); máster en Calidad y Medio Ambiente; máster en Administración de Empresa y máster en Relaciones Internacionales. En su país de origen, también cursó estudios como maestra en la Pontificia Universidad Católica Madre y Maestra (PUCMM).

A la fecha acumula más de 20 años de experiencia en el ejercicio de su profesión de ingeniera.

Es de resaltar que es la primera mujer en ocupar el cargo de Vicedecana de Colegio de Ingenieros Técnicos de Obras Públicas de Madrid (CITOP), siendo hoy vocal del mismo, así como miembro de la Comisión de PRL de la Unión Interprofesional de la Comunidad de Madrid.

Le ha dedicado largos años, a la par que desarrollaba su carrera, a la promoción y creación de oportunidades a través de diversas iniciativas sociales, que han impactado en el colectivo de mujeres migrantes en España, trabajando incansablemente para defender y representar a la profesión en su conjunto, y en aquellos desempeños en que se demanda respaldar la figura de la mujer en la Ingeniería y, así, contribuir al cumplimiento del quinto objetivo de desarrollo sostenible de la Agenda 2030 (igualdad de género).

Forma parte de los miembros del jurado en el Premio Nacional de la Ingeniería Civil que otorga todos los años el Ministerio de Transportes, Movilidad y Agenda Urbana, en representación del CITOP, haciendo hincapié, precisamente, en haber distinguido a una mujer, por primera vez en la historia de este galardón, en el año 2021.

Su faceta más solidaria no se desarrolla únicamente en el ámbito de su profesión de ingeniera, desde su llegada a España, trabaja intensamente por sus compatriotas dominicanos, dedicando también notables esfuerzos, a través de instituciones como FEDOMUSE o el Instituto de Dominicanos y Dominicanas en el Exterior, a dar visibilidad a mujeres destacadas en distintos ámbitos sociales y económicos.

En el año 2019, fue candidata a diputada por el Partido Socialista Obrero Español (PSOE) a la Comunidad de Madrid y, en el 2020, candidata a diputada de Ultramar por Europa, para representar a los dominicanos residentes en el exterior por el Partido Revolucionario Dominicano (PRD).

Redes sociales

https://www.linkedin.com/in/maribel-santos-p%C3%A9rez-678793a2/

@maribelsantos.p_oficial y @igualdadconmaribel

Maribel Santos Pérez

@MaribelSantosPe

# NUNCA ES TARDE
## POR MINA IBÁÑEZ

Me siento a escribir estas líneas mientras termino de comerme un pan con una amiga, hoy disfruto las cosas sencillas. Ha sido difícil encontrar la parte de mi vida que quiero compartir en este libro, pues ha habido muchas etapas que han sido transcendentales y cruciales en mi crecimiento, al igual que en la vida de todas las mujeres que nos leen. Seguro que todas nosotras tenemos suficiente material para escribir uno o más libros sobre nuestras experiencias personales y lecciones que hemos tomado como parte de nuestro crecimiento. Por mi parte, les comparto con humildad y cariño esta parte de mi historia.

Muy pocas veces he dicho el lugar donde nací, pero me enorgullece enormemente decir que fue allá en la punta de un cerro, mi pueblo se llama El Zapotito, donde hasta el día de hoy todavía vive parte de mi familia: un tío con mis sobrinos. En la actualidad, todavía no hay luz, no hay agua potable y solamente llegas caminando, subiendo un cerro y caminando durante dos horas en subida para llegar al lugar donde nací, en el estado de San Luis Potosí, México. Cuando tenía unos 5 o 6 años me llevaron a la ciudad. Mi hermana mayor nos llevó a todos, y ahí comencé la primaria. Éramos muy pobres, mi mamá iba a limpiar casas y así, chiquititas, nos llevaba con ella para ayudarle a lavar pañales.

Recuerdo vívidamente que en la época de Navidad los niños, como yo, acostumbraban a ir a las posadas para juntar colaciones, así podíamos comer alimentos que, de otra manera, no conseguíamos; entonces, un grupo de amiguitas nos fuimos a una posada y yo, recién llegada del rancho, con la oscuridad de la noche, me perdí. Me acogieron en una casa, donde me dijeron que me quedara y me llevarían a mi casa en la mañana. No recuerdo claramente qué fue lo que pasó, pero no me llevaron a mi casa, quizás ni ellos ni yo sabíamos a dónde me podían llevar. Pasaron los días y me ponían a limpiar, me daban de comer y comentaban que yo era muy servicial. Por su parte, mi familia no paraba de buscarme, así pasó más de un mes, hasta que mi maestra de primer grado me encontró. Si no fuera por la maestra Adelita, no sé cuál hubiera sido mi historia.

En México es muy difícil conseguir fondos para ir a la universidad, yo siempre tuve deseos de crecer y pensé que si viajaba a los Estados Unidos, por un par de años, podría juntar el dinero para pagar mis estudios. Así fue como con uno de mis hermanos emigré a la Unión Americana a los 16 años, con la esperanza de juntar dinero y volver. Afortunada o desafortunadamente, a los pocos meses de haber llegado, conocí a mi marido y nos casamos, tenía 18. Juntos abrimos un pequeño restaurante en 1999. De la mano de él y de mi hijo hicimos crecer de manera exponencial nuestro negocio. Mi hijo estaba chiquito cuando abrimos el restaurante, fue muy dura su infancia. Realmente creció entre meseros y cocineros, me hubiese gustado ofrecerle una niñez más normal que crecer en un restaurante, quizás esa fue la razón por la cual mi hijo siempre ha sido más maduro para su edad y yo decidí no tener más hijos. Para el 2010, me sentía en la cima del mundo, las cosas iban bien, me sentía plena.

Sin embargo, el destino tenía otros planes para mí y, repentinamente, mi matrimonio se acabó. El que fue mi esposo y yo nos casamos muy chicos, ninguno de los dos teníamos mucho apoyo y nuestro matrimonio estaba basado en el trabajo. El éxito del restaurante nos llevó a lidiar con otro tipo de conflictos que no supimos manejar. El dinero y el éxito atraen a personas que no respetan el matrimonio, y la inmadurez y falta de experiencia para manejarnos terminó con una serie de infidelidades de su parte que me hicieron perder la confianza en él. A pesar de que hoy somos muy buenos amigos, mi exmarido y yo decidimos tomar caminos separados y sufrí mucho, creí que mi vida se había terminado, y en un intento por levantarme, tomé muchas malas decisiones que afectaron mucho mis finanzas y la percepción que tenía de mí misma. Ahora lo veo como una inversión para desarrollar una mejor Mina, pero fue muy difícil aceptarlo y dejar de culparme a mí misma por los errores que cometí.

En un intento por rehacer mi vida, abrí un segundo restaurante con el que duré 10 años. Durante estos años también incursioné en el radio y la televisión como conductora, por ahí debe de haber todavía algunos segmentos en los que salgo en televisión, a pesar de que me encantaba, me distraía un poco de lo mío, y para mí, el centro siempre será la cocina y la industria restaurantera. En el último año de mi segundo restaurante, me asocié con una persona terrible y las cosas no salieron bien, para recuperar mi paz mental y salir del embrollo legal en el que me metí con la persona que abusó de mi confianza, perdí todo lo que había acumulado a lo largo de mi vida; perdí mi negocio, mi casa, mi vehículo y me fui a la bancarrota, era un segundo fracaso. El primero fue emocional, pero en esta ocasión fracasaba de manera emocional y económica, lo cual fue muy difícil de procesar. En una ocasión, salí de corte superarreglada en mi BMW, el cual estaba a punto de ser reposeído, y quería ir a comer; entonces busqué dinero en mi bolsa y no completaba ni cinco dólares para pagar lo que me quería comer, no traía dinero en mi bolsa y ni en ningún otro lugar. Ese fue el único día que lloré muy fuerte, ahí caí en la cuenta de que lo había perdido todo.

Con pocos amigos y recursos, tuve que entrar a trabajar en un restaurante de cadena, pasé de ser dueña de un restaurante a cocinera, lo que en Estados Unidos le llaman «*Line Cook*». Aunque fue muy difícil de asimilar, me puse las pilas y le di duro al trabajo. Entre ollas y sartenes, el chef principal me puso el apodo de «la sexy chef», se le hacía muy extraño que una mujer como yo estuviera en la cocina, lo cual no es muy común en restaurantes como este, pues la industria restaurantera está dominada por los hombres en casi todos los puestos de poder. Con este trabajo, y con la convicción de que era mi momento, decidí reescribir mi historia y, reevaluando mi situación, entendí que me encontraba en un inicio y no en un final.

Así es como en medio de una pandemia mundial, lancé mi proyecto más ambicioso, un restaurante con el nombre de «Los Chilakillers». Este es un concepto que fusiona la cocina tradicional de mercado mexicana con la vibra y el ambiente de la ciudad de Austin, Texas. No fue fácil, muchas personas me dijeron que no iba a poder, que me dejara de cosas, que ya estaba vieja, pero yo sabía que el éxito se encuentra con disciplina, audacia y trabajo, entonces lo hice.

No se me olvidan todas las personas que dudaron de mi capacidad de reemprender, es increíble cómo las dejas entrar en tu círculo más cercano y pueden soltar comentarios tan duros que podrían quebrar hasta el más fuerte. No guardo resentimientos, quizás por el hecho de la confianza y la fraternidad que existe, esta gente trata de ayudar al desanimar a los que están a punto de emprender. En una ocasión, un amigo con el que entreno desde hace casi 10 años al compartirle mis planes, manifestó con un tono bastante frío: «Cómo friegas, Mina, ya ubícate, ¿no te das cuenta de que ya eres casi una *senior*? Dedícate a viajar, quédate trabajando en el restaurante. Así estás muy bien, sin responsabilidades...», y entonó otras letanías que no recuerdo. Uno de mis proveedores, el cual conozco desde antes de abrir mi primer restaurante, al enterarse de que estaba abriendo el tercero, me dijo: «Mira, Mina, tú todavía estás muy bonita, mejor regrésate con tu exmarido y olvídate de estar jugando a la mujer empresaria. Tú estás tranquila, ¿para qué quieres preocupaciones?». Y así como *Don Recomendaciones*, hubo bastantes personas que me tacharon de necia, de ilusa y, posiblemente, de tonta. Les agradezco siempre por decirme en mi cara lo que otros no hacen, pero yo, al igual que a las mujeres que más admiro, en lugar de desanimarme para seguir persiguiendo mis sueños, sus comentarios entraron en mis venas como combustible para emprender más pronto y más en grande.

Me tardé dos años mezclando ingredientes para desarrollar mi salsa estrella y estoy a punto de lanzar una salsa propia a nivel industrial. También vienen más sorpresas en el ramo restaurantero, entre otras cosas estoy evaluando la posibilidad de hacer franquicias de mi empresa. Honestamente, lo hago en honor a todas las mujeres que, en algún momento de su vida, alguien les dijo que ya estaban viejas y que, en lugar de emprender, se debían jubilar. Pienso que estoy en la mejor etapa de mi vida, sintiéndome joven, sexy, guapa y exitosa. Adopté el apodo de «la sexy chef» que me asignó este cocinero y hoy lo acepto y porto con orgullo.

Comenzar un negocio a los 48 años es una prueba de que las mujeres pueden reescribir su historia tantas veces como sea necesario, y de que no hay un límite de tiempo para crear y triunfar. Tengo más 30 años de experiencia manejando restaurantes, cuando llevas tres restaurantes al éxito en un periodo de tiempo de más de 30 años ya no es casualidad, es estrategia, capacidad, tenacidad y disciplina. Mi último restaurante, les comparto con orgullo, se levantó en menos de dos años. Gracias a Dios y a mi equipo, tenemos lleno de lunes a domingo. Mi sueño es ayudar a más mujeres como yo a realizarse como restauranteras.

Actualmente, me encuentro buscando la manera y los fondos de materializar esta idea que no me deja dormir, sé que hay mujeres allá afuera que tienen todo lo que se necesita para independizarse, para llevar sus talentos culinarios al éxito, y me encantaría ayudarlas. Hoy te invito a ti, que me lees, a que me busques en Instagram o en Facebook y me compartas si conectas con esta historia, si has experimentado una situación similar a la mía, me encantaría conocer tu historia.

MUJERES QUE SE ATREVEN Y SUPERAN LÍMITES

MINA IBÁÑEZ

# BIOGRAFÍA

Guillermina Ibáñez, mejor conocida como Mina, es una chef en la ciudad de Austin, nacida en un ranchito que se llama El Zapotito, en San Luis Potosí. Ella es la hija número siete y la más pequeña de cuatro mujeres. Con los años, siete de los ocho hermanos emigraron a Estados Unidos. Mina y su hermano emigraron directamente a Austin en el 89 y, sin conocer a nadie, comenzó a buscar un futuro para ella.

Después de diversos puestos en el primer año que radicó en la ciudad, ella comenzó a trabajar de cajera en un restaurante local, después fue mesera. Durante ese periodo, conoció a su marido, con el que tuvo a su hijo William. Él es el orgullo de Mina y con quien comparte sus días. Junto con su esposo, emprendieron con el restaurante Dos Salsas en Georgetown, Texas. Actualmente, este negocio tiene dos sucursales y es considerado un clásico de la comunidad. Mina y su marido se divorciaron, decidieron que su exesposo se quedaría con la marca y Mina emprendió otro restaurante en la ciudad de Cedar Park, Texas. Con este emprendimiento, aprendió muchísimo y se consolidó como propietaria independiente.

Desafortunadamente, por malas asesorías y sociedades, Mina perdió su restaurante después de 10 años de trabajo, con esto, sus finanzas sufrieron pérdidas incuantificables. Este fracaso fue muy duro para Mina a nivel económico y personal, ya que se vio en la necesidad de recurrir a la bancarrota. Con pocos amigos y recursos, Mina decidió reescribir su historia, y en medio de una pandemia mundial, lanzó su proyecto más ambicioso: Los Chilakillers. Este es un restaurante que fusiona la cocina tradicional mexicana de mercado con la vibra y el ambiente de la ciudad de Austin, Texas. Dos años después, se encuentra a punto de lanzar una salsa propia a nivel industrial y el negocio está en pleno y acelerado proceso de crecimiento.

Ibáñez lo hace en honor a todas las mujeres que, en algún momento de su vida, alguien les dijo que ya están viejas y que, en lugar de emprender, se deben jubilar. Ella está viviendo la mejor etapa de su vida y busca seguir creciendo tanto en el ámbito profesional como el personal por lo que resta de su vida; para Mina, desarrollar su pasión por compartir el sabor de la cocina tradicional mexicana es un privilegio y una misión. Considera que una de las satisfacciones más grandes de su carrera ha sido que sus clientes le digan que «ni en México encuentran chilaquiles tan sabrosos como los que ella prepara».

Redes sociales

Website: https://www.loschilakillers.com/

https://www.instagram.com/thesexychefmina/

https://www.instagram.com/loschilakillers/

https://www.facebook.com/thesexychefMina

https://www.facebook.com/loschilakillersatx

# NUEVOS COMIENZOS
## POR MÓNICA AYALA

Seguramente te has cuestionado por qué la vida nos ofrece tantos matices y pruebas por superar. En algunas ocasiones, he llegado a pensar de dónde brota la fuerza para enfrentar cada etapa, y es cuando entiendo que todo se reduce a las herramientas que tenemos; algunas de ellas dadas por nuestros genes y otras, gracias a los conocimientos que aprendemos desde que nacemos. En nuestro futuro siempre aparecen conexiones mágicas con el pasado y el presente, para convertir la información en un «superpoder», en ti está usar ese conocimiento en algo que te sume o reste; fue hasta una clase de la universidad que esto cobró sentido en mí, explicaron acerca del «historicismo», y supe que los hechos que nos suceden son el resultado de un desarrollo histórico y quien no conoce su historia, su pasado, está dispuesto a repetirlo.

Pero ahora, mi querida lectora, te pregunto, ¿qué tanto de tu historia propia o heredada por generaciones pasadas estás dispuesta a repetir? Elegirías lo bueno y lo malo lo desecharías, o mejor aún, estarías dispuesta a utilizar tu historia para sacar un nuevo comienzo con una mejor versión y no repetir patrones negativos. Acompáñame en este capítulo y conocerás mi elección.

Al igual que tú, me considero una mujer que gusta de superarse, me encanta ser hija, esposa, madre, amiga y, sobre todo, siempre he creído que si haces lo correcto, la vida te da más de lo que esperas, creo en las oportunidades, en la importancia del tiempo y en los proyectos, el aprovechar cada día para aprender del anterior. Me gusta creer que lo bueno siempre llega a nuestras vidas, el problema es saber qué es lo bueno para nosotros y si realmente ejercemos nosotros lo correcto con los demás, sé que lo justo se manifiesta en formas diversas a como lo esperamos, pero siempre llega. Te puedo asegurar que las señales existen, que nos hacen caminar hacia un buen rumbo y el universo siempre trae personas a tu vida para tu aprendizaje, desde tu familia, amigos o comunidad, *nada en esta vida es casualidad, todo en tu vida tiene una causa.*

**Nace una historia...**

Seguramente, al igual que yo, tienes una historia de cómo llegaste a este mundo. Me encanta recordar la mía porque me da la «causa» de por qué existí. Soy la tercera y última hija de mis padres, Carmen y José, me suma el sentir que gané mi primera lucha al nacer a los siete meses de un embarazo de alto riesgo por una preeclampsia nunca atendida, me encanta pensar que desde el vientre luché por vivir, que Dios me mandó por una razón especial. Te cuento que fui una hija cero planeada, tengo una brecha generacional de 15 años con mis hermanos, Carmen y Ricardo, lo cual, por una parte, es maravilloso, ya que ellos, sin saberlo, han sido un gran aprendizaje de lo que quiero no repetir y de lo que no debo hacer; mi llegada fue bien recibida, mi padre acababa de ser diagnosticado con cáncer, el cual superó y me acompañó trece años. Te confieso que convertí a mis padres en mi misión desde niña, no recuerdo verlos sanos, mi mamá siempre con enfermedades cardiovasculares, mi papá con un sinfín de padecimientos, unas derivadas de la quimioterapia, como su cirrosis.

No puedo describir lo duro que es para una niña ver consumirse a su papá, el miedo de sentir que falta poco para su muerte y, más aún, enfrentarla sin entenderla, hacer curaciones a un pie diabético que nadie se animaba; jugando en mi mente, me esforcé por ser una pequeña enfermera y apoyaba lo más que podía en las labores, ahora sé que era un sentido de responsabilidad. Mis padres habían sido migrantes en California, hicieron un pequeño patrimonio y se estabilizaron nuevamente en su tierra, Guadalajara, México, donde yo nací.

Mi madre, sumamente trabajadora y emprendedora; recuerdo largas pláticas con ella, siempre la vi como una amiga, yo vivía en un mundo de adultos, pero me encantaban las mascotas y jugar. Algo que recuerdo en forma especial es que desde niña me gustó platicar con las personas mayores que consideraba interesantes, pensaba en quién quería ser, imaginaba una muy buena vida futura. Confesaré que influyó mucho mi madrina de bautizo, Bertha, ella era un ejemplo de virtudes, me gustaba cómo administraba su tiempo y, pese a sus actividades, nos visitaba y se preocupaba por mí; admiraba su matrimonio unido, muy diferente al de mis padres: varios hijos, una casa divina y hasta un perro.

Formar mi familia lo decreté desde la infancia, imaginaba mi boda en un jardín. Me veía como una empresaria y entonces comencé a desarrollar mi primer negocio de venta de dulces en la escuela, a los 10 años, con mi gran amiga, Jessica; para comprar los primeros dulces, le presenté a mi papá un plan de negocio en una libreta, asegurándole que le pagaría. Posteriormente, en una terraza que rentaba mi mamá para eventos en donde celebraba sesiones un sindicato de taxistas, le dije a mi mamá que quería venderles refrescos; me apoyaron, incluso mi padre me consiguió un refrigerador y me ayudaba a surtir refrescos, cigarros y papas, ellos lo veían como un juego, pero en el fondo creo que les gustaba ver que era aventada, mi mamá me aconsejó hablar con el representante sindical, sin saber ella que a mi corta edad me enseñó la importancia de conocer y hablar con las personas, perdí el miedo a pedir oportunidades; sentí ese día la mirada de orgullo de mi papá, que me acompaña hasta hoy, y la fuerza de ambos, de «Atrévete, no estás sola», sembraron confianza en mí.

Agradezco su carga genética, su amor, protección, incluso las enfermedades, porque me hacen ser alguien que resuelve en momentos de crisis, porque desde niña supe *el poder de la esperanza y del confort de una oración, aprendí que alguien parte, pero su luz siempre te acompaña, que la compañía es el mejor impulso, que un consejo es el mejor activo, que los miedos son para superarse, que la enfermedad es para enfrentar, no para parar, que todos los días tenemos alguien a quien valorar, que lo que te marca en tu niñez puede causar dolor, pero tiene el más grande poder de resiliencia.*

## Las primeras decisiones

Al día siguiente de mi cumpleaños número 13, enfrenté un nuevo comienzo, mi padre murió ese día y comencé, junto con mi adolescencia, a acompañar a mi mamá en su etapa de viudez. Si partimos de la idea de que todo pasa por algo, desde ese día lo entendí, quedamos en casa tres: mi mamá, mi hermano y yo, teníamos que hacer equipo. Pese a su depresión, mi mamá resurgió como el ave fénix, económicamente creció lo doble de lo que mi papá le dejó en activos; una mujer con tan solo la primaria, manejando una flotilla de taxis, en un ambiente machista, *me enseñó que los límites no existen y a resurgir*. Siempre fui consciente de su esfuerzo y trataba de compensarla siendo un apoyo, me esforcé por no ser una adolescente problemática; sin embargo, también quería vivir mi juventud y salir, así que hubo peleas campales, sobre todo con mi hermano, ahora entiendo que, a su modo, intentó protegerme, era muy amiguera y la juventud es una etapa complicada en la toma de decisiones.

Chuscamente, cuando me visitaba un chico, mi hermano se ponía a limpiar sus escopetas en la cochera, un día escuchó una plática y me metió a la casa, me preguntó si el muchacho me interesaba, le dije que no, entonces me contestó: «Si pierdes el tiempo con muchachos que no valen la pena, él que sí valga no se va a acercar a ti, pensará que eres igual al chico que te visita, elige tus amistades». Este pequeño consejo lo tomé muy en serio, hasta hoy elijo amigos maravillosos, *acercar a tu vida a personas no problemáticas, sinceras, con principios, positivas, que les gusta crecer, aporta grandes momentos, son un apoyo para ti, es una gran clave tenerlos en tu vida.*

Otra de las decisiones más difíciles de la juventud es la elección de una carrera, decidí estudiar Derecho, creo que siempre traté de defender a las personas que consideraba vulnerables, pero aunado a mi decisión, yo me convertí en un punto vulnerable y, con ello, llegó mi primera crisis existencial. Me salí de la universidad, era una de las escuelas con más prestigio de mi ciudad, me sentí tan decepcionada de mí, de no poder con la carrera, de decepcionar a mi mamá, de perder dos años de mi vida, frustrada en un ambiente elitista, conservador, donde las mujeres tenían un valor menor a los hombres, me sentía asfixiada, incluso dudé de mi capacidad, *un mal ambiente puede contaminarte al punto de quebrarte, es muy importante salirte de un lugar que no te hace crecer, porque, sin duda, después de un fin, viene un comienzo.* Inicié en otra universidad la misma carrera en el turno nocturno, rodeada de compañeros más grandes, tenían experiencia y hacían enriquecedoras las clases. Los maestros eran un apoyo, un profesor que era subprocurador me dio la oportunidad de laborar en la Fiscalía, siempre agradeceré su apoyo, pese a no terminar la carrera, gozaba de un sueldo, él vio en mí la capacidad laboral y de análisis que tenía, continué estudiando mucho.

Hice una maestría y tuve un giro inesperado, confiaron en mí para un proyecto especial, una Agencia del Ministerio Público Especializada en temas de Violencia Intrafamiliar y Género; ¿recuerdas que al inicio te decía que todo tiene una conexión?, al capacitarme en el tema, me conecté con mi historia, me di cuenta de la violencia que habían sufrido generacionalmente las mujeres, incluida mi familia, desde cuestiones físicas, emocionales, económicas y cómo repercutió en su desarrollo, cómo, sin saber, las mujeres seguimos educando machos y, sin darnos cuenta, como familia, nosotros ejercíamos violencia entre nosotros, para mí surgió la oportunidad de cambiar muchas cosas, *al poner límites se dañan relaciones, pero tu desarrollo y salud emocional es primero.*

Hoy te puedo decir que, gracias a este conocimiento, cambié mi forma de ver la vida, supe que inconscientemente tenía parte de esta información y por ello mi rebeldía en casa en ciertos temas, el no haber aceptado un sistema educativo donde no había equidad de género, mi papá había ejercido violencia psicológica en mi mamá, yo no quería repetir la historia de su matrimonio, quería romper estos patrones desde niña, y hoy te puedo decir que lo estoy logrando, sí se puede. *Me siento obligada a educar a mis tres hijos —Arturo Daniel, Ana Victoria y Julián—, que son mi más grande amor, en un ambiente de paz y oportunidades, así les muestro el verdadero amor que les tengo, no con cosas materiales, sino con herramientas de vida.*

### ¿Destino o elección?

Si retomamos que en esta vida nada es casualidad, quiero agradecer al Universo el poner a mi esposo, Arturo, en mi camino. *Una de las decisiones más importantes en tu vida es elegir correctamente al padre o madre de tus hijos, esta persona puede apoyarte a crecer, haciendo equipo contigo, o minimizar tu desarrollo; la familia es la célula más importante, formar familias sanas requiere la participación de padres comprometidos. Tu matrimonio puede terminar, pero si tienes hijos, la unión nunca finaliza;* afortunadamente, Dios me premió con un marido que me apoya y que es sumamente responsable, al que amo y admiro profundamente, tanto en lo profesional como en sus valores. Te cuento que, como cualquier matrimonio, tenemos momentos difíciles, con la llegada de los hijos, las enfermedades, la vejez de los padres y el hacer un patrimonio en conjunto, vienen muchos retos.

Cuando estaba en una etapa de confort laboral, nació mi primer hijo, el amor tan grande que sentí por ese pequeño, aunado a un derrame cerebral que sufrió mi mamá, me derivó a la necesidad de renunciar a mi trabajo, ellos requerían mi atención, así como el negocio de mi mamá. Como profesionista es difícil tomar una pausa, como mujer te puedo decir que tristemente no valoramos el trabajo en casa, pese a que trabajé más durante los próximos nueve años de mi matrimonio, con las labores de casa, mis hijos, una mamá enferma y un negocio que estaba a punto de quebrar con la entrada de servicios de taxis en plataformas. Yo sentía que necesitaba más, ¿qué quería demostrarme a mí o al mundo? No lo sé, tal vez era un patrón de trabajo aprendido, no me sentía retada intelectualmente, pero, sin duda, me llené de actividades, tengo como característica que desde que inicia mi día, temprano, trato que sea lo más productivo.

Comencé un nuevo negocio de servicio de cafetería en hospitales, comenzaba a trabajar a las cuatro de la mañana, pronto lo posicioné, cuando eres disciplinada, ofreces calidad en tu producto, buen trato y un precio justo, creces rápido, pero mis elecciones me estaban llevando al colapso en varios sentidos. Estaba en un negocio que me aportaba dinero, sin embargo no era mi felicidad, la cocina no era mi pasión. Arturo, al igual que yo, estaba lleno de trabajo, aunado a su despacho jurídico, emprendió un negocio de comercialización de tequila en Los Ángeles, California, viajaba constantemente, nos convertimos solo en padres y no en esposos, caí en una depresión y terminé en el hospital con diversos padecimientos, derivados de mi autoexigencia.

Con un matrimonio a punto de terminar, vino la pandemia, una época de quietud, de miedos, no obstante también de grandes enseñanzas, para mí fue un nuevo comienzo, nos permitió retomarnos como matrimonio, no solo como familia, observamos que ambos caminábamos por rumbos diferentes, pero que podíamos hacer equipo. Surgió la idea de emprender juntos un proyecto más, yo necesitaba retomar mi carrera, tiempo para mí, equilibrar trabajo, familia y, sobre todo, usar las herramientas que he aprendido, nunca he dejado de capacitarme. Ambos teníamos amistades en México y California, que son grandes profesionales, empresarios y excelentes consultores, si uníamos conocimiento con personas clave, podíamos dar asesoría en línea a empresas en California, principalmente ayudar a emprendedores que quisieran invertir en nuestro país, a migrantes con problemas legales en México, cuya situación migratoria no les permitiera salir, brindar apoyo psicológico, todo a un costo accesible, y arrancamos el proyecto. Así surgió MSL ABOGADOS, como te mencioné, mis padres fueron migrantes, soy sensible a las necesidades que existen, me encantaría ver un mundo sin fronteras. Mi reto diario es seguir trabajando en equipo, ayudar a que las personas crezcan, formen empresas legalmente establecidas, con estructura que les permitan ser solventes, que sus ganancias rindan y den frutos, hoy te puedo decir que no sé si el destino me esté llevando a California como a mis padres, pero sí sé que es mi elección sumar esfuerzos y creer en una sociedad más productiva, equitativa, en la que se rompan patrones. Te digo que se vale caer, levantarse y tener nuevos comienzos, esa fue mi elección, y espero que mi experiencia sume a tu vida.

MÓNICA AYALA

# BIOGRAFÍA

Mónica Ayala es mexicana, originaria de la ciudad de Guadalajara, en el estado de Jalisco, nació el 9 de diciembre de 1982, estudió la licenciatura en Derecho y obtuvo el grado de maestra en Juicio de Amparo, así como la especialidad en Criminología; encontró su pasión al trabajar como funcionaria pública en el área de procuración de justicia en temas de equidad de género, violencia intrafamiliar y protección a los derechos de la mujer.

Es alguien que cree firmemente en la importancia de la familia, en el equilibrio de la vida, en la evolución de las personas para ser cada día más productivas y conscientes de las necesidades de otros, respetando los roles que cada individuo desee desarrollar; cree que las fronteras son un límite territorial, pero no limitan la unión de las culturas para crear sinergia, respetando el valor que tiene cada individuo, independientemente de su sexo, condición migratoria, estatus cultural o ideología; considera que todas las personas tienen la capacidad de crecer, en la importancia de hacer equipo, que los límites llegan cuando nosotros decidimos parar; sin embargo, nunca se debe dejar de creer en sí mismo, de prepararse con nuevas herramientas para las diferentes etapas de la vida y creer en los nuevos comienzos, sin olvidar nuestra historia.

Desde hace tres años, junto con su esposo, que cuenta con una trayectoria de más de 25 años de litigio, así como con un grupo de profesionales, a través de MSL ABOGADOS, brindan asesoría a personas y empresas tanto en México como en Estados Unidos, otorgando apoyo en el área legal, además de una amplia gama de consultoría en temas de registro de marcas y patentes, protección de datos, recursos humanos, reclutamiento de personal, atención psicológica, capacitación de personal para aumentar productividad, resolución de conflictos relacionales, revisión de contratos y creación de empresas, estructurando con un plan de negocio adecuado a la necesidad de cada cliente, encontrando aquí la oportunidad de unir esfuerzos para brindar herramientas a personas emprendedoras que quieran generar recursos, pero sobre todo, estructurando las empresas desde una visión humana, no solo productiva.

Redes sociales

mayala@mslabogados.mx

monik_ayalas

# DE NIÑA DE GUALACEO, ECUADOR, A EMPRESARIA EN PATCHOGUE, NY
## POR SANDRA M. ORELLANA-CÁRDENAS

Querida lectora, te contaré la historia de una niña ecuatoriana con corazón estadounidense. Nací en Ecuador, donde el 20 % del país es orgullosamente una reserva ecológica, ahí aprendí a soñar; y crecí en Patchogue, Nueva York, el pueblo donde se lucha por los sueños, se trabajan y se cumplen. Te narraré cómo nació la empresaria que hoy soy.

Mi historia inicia en el Ecuador, vivía en Gualaceo, un cantón oriental de la provincia de Azuay, lugar con bellezas naturales y mucha expresión cultural. Recuerdo visitar a mis abuelitos paternos frecuentemente; mi abuelito Luis Cárdenas, que para mí fue una gran bendición, siempre pensé que Dios me lo envió para enseñarme tanto, él era una persona muy sabia. Mi abuelito, como yo lo llamaba, tenía una cantina; para los que no sepan, una cantina es donde se vende en su mayoría alcohol, y siempre venían los amigos a comprar licor y a escuchar música. Debo contarte que mi abuelito fue un gran maestro para mí, era un excelente emprendedor. Yo era una niña muy pequeña, pero recuerdo perfectamente cuando compraba su inventario de copas, sodas, licor, cómo trataba a sus clientes, cómo trataba a sus vendedores, cómo contaba su dinero. Él me enseñó que el respeto por las personas es porque se lo ganan por su actitud, por su ser. Me contaba y decía a detalle, por ejemplo: «Este señor viene del campo, hija, que emigró a un pueblo de personas que demandan respeto basado en su apellido, por cuánto dinero tienen en su cuenta». Pero algo muy importante es que mi abuelito me mencionó que él se ganó el respeto de muchas personas por sus buenos valores, por trabajar duro. Él era todo lo que yo necesitaba como niña.

Un buen día, cómo olvidarlo, mi abuelito me dejó tomar todo el dinero de la caja de su negocio y me pidió que lo contara todo, quizá tenía alrededor de 8 años, y mi abuelita le expuso: «Luis, no dejes que la niña juegue con el dinero». Y él contestó: «Esther, deja que ella juegue con el dinero, ella será una mujer de negocios». Este recuerdo es muy especial para mí, parece como si hubiera sido ayer que mi abuelito estuviera parado ahí, confiando en mí con todo el dinero de la caja. Desde pequeña ya creía en mí misma, que tenía que ser exitosa en mis negocios y donde lo iba a hacer no era en mi pueblo, siempre sentí que a donde yo podía llegar estaba muy lejos de mí, como que no había límites, después los averiguaba, según yo iba rompiendo mis barreras.

Llegó el momento en que mi madre me dijo que tenía que despedirme de todos porque nos mudaríamos a Estados Unidos. Recuerdo perfectamente aquel día, tuve que decirle adiós a mi pueblo, a mis amigos, a mi casa, a mi dormitorio. Subí al tercer piso de mi casa, era de noche y me subí a mi hamaca, me hice columpio hacia atrás para ver las estrellas, las observé profundamente mientras me columpiaba y me despedí de ellas, diciéndoles: «Adiós, estrellas, siempre las voy a recordar». De pronto me separaría de mis abuelitos. Por muchos años fue lo más doloroso de mi vida, nunca pude ser la misma.

El pueblo de donde vengo ya nunca más fue casa para mí, fue donde las personas que más quería vivían, cada vez que regresaba solo era un saludo frío y alejado. Quizá solo era el trauma de haber dejado todo atrás y nunca más querer volver a experimentar el sentimiento de despedirme de las personas que más quería.

En mi primer día de la escuela en los Estados Unidos, mi prima me dejó al frente de la escuela, cuando yo entré, era otro mundo para mí, había muchos niños caminando en un pasillo, conversaban entre ellos y poco a poco se iban a sus aulas. Yo solo me quedé parada en la mitad de ese pasillo, muda y sin movimiento. No sé qué me pasó en ese momento, me quedé congelada, no sabía a dónde tenía que ir, no hablaba nada del idioma inglés para preguntar y no tenía idea de qué hacer hasta que todos, de pronto, desaparecieron y yo me quedé ahí sola en el pasillo. Después de unos minutos, hubo una persona adulta de la oficina que me llamaba, yo no le entendía, pero ella no me hablaba, me gritaba, y luego me tomó del brazo y me llevó a la oficina principal. Yo no sabía qué hacer, no sabía cómo responder, tenía solo 12 años y estaba entrando a un mundo totalmente desconocido. Todo lo que fue mi vida en el Ecuador se acabó en un segundo en mi mente. Yo tuve que madurar de la forma menos impensable. Sentí que mi luz se apagó y nunca volví a ser una niña inocente donde los adultos estaban a cargo de mi vida.

Esta vida era diferente aquí, mis padres tenían que trabajar y ahorrar. Tenían otras responsabilidades, como la de tener comida en la mesa. Pero mi estudio y otros aspectos de vida llegaron a ser mis responsabilidades. Yo tuve que aprender a resolver mis propios problemas. Recuerdo un día, al regresar de la escuela a la casa, era invierno, yo estaba manejando mi bicicleta, era como la segunda semana de clases y era febrero, sentía mucho frío. Cuando yo respiraba, podía ver el aire blanco saliendo de mi nariz y boca. Iba en mi bicicleta a todo lo que daba, más adelante había un grupo de personas, sentía miedo, no sabía si eran peligrosas, yo solo quería pasar rápido y llegar a mi casa, en ese momento comprendí y sentí que no tenía a nadie; cuando llegaba a casa, solo estaba yo: mis padres y hermanos trabajaban hasta la tarde, la mayoría de mi vida me la pasé sola en la casa, y eso me llevó a ser muy solitaria.

Muchos pensarían que tuve suerte por venirme pequeña a los Estados Unidos, que pude aprender inglés, que tuve suerte de tener mis papeles y lograr estudiar, pero nadie se imagina lo difícil que todo eso fue para mí: trabajé duro, luché por seguir adelante, aprendí inglés, todo un sacrificio emocional; logré todo eso, pero perdí a mis abuelitos, mis amistades, mi barrio, mi casa, mi país. Todo lo que yo más quería.

Una vez que empecé a crear mi vida en los Estados Unidos, nunca miré para atrás. Estudié la universidad y con ello vinieron otras dificultades, no obstante, tenía la fortaleza para salir adelante; ahora me doy cuenta de que es un pasito a la vez. Yo soñaba con graduarme de la universidad desde chiquita; esa era mi meta y no iba a parar hasta lograrlo. Querida lectora, nunca dudes de que el trabajo duro, la dedicación, el enfoque y la disciplina te llevarán a lograr todo lo que te propongas. Tuve que amar este mundo, aprender inglés e hice amistades para toda la vida.

Mi psicóloga es una señora de la tercera edad, muy inteligente, amable y me entiende; es chistoso porque nuestra terapia ahora es virtual y cada vez que tenemos una sesión, ella ve diferentes escenografías detrás de mí por la cámara. En ocasiones ve mi auto, a veces son mis cuadros de París de mi oficina o las paredes del hotel cuando estoy de vacaciones o las puertas del clóset de mi cuarto y esto me deja saber que tengo una vida llena de actividades. Yo no me veía como una señora empresaria, pensaba que estaba en modo: *Fake it until you make it*, como lo dicen en inglés, que traducido al español es: «Finge hasta que lo logres», pero creo que sí lo logré y aquí estoy años después, exitosa en muchas de mis metas.

Lo que yo he aprendido es que cuando una cumple las metas, tiene que sentirse orgullosa de una misma, el amor propio es lo que yo he aprendido a mis casi 40 años. Claro, si quiero que otras personas se sientan orgullosas de mí, por ejemplo, mis padres, esposo e hijos, eso es satisfactorio, pero nada como estar orgullosa de mí misma; con esta historia quiero decir que estoy muy orgullosa de mí, orgullosa de esa niña guerrera de 12 años; que yo, Sandra (Cárdenas) Orellana, he enfrentado toda batalla con ganas de ganar y he llegado al otro lado.

Si no me lo creí por muchos años, fue porque siempre pensé que no era suficiente; que era inteligente pero no tanto; era exitosa pero no tanto; estas palabras dentro de mí eran tan normales, que nunca pensé que eran palabras negativas, pensé que simplemente me estaba criticando, porque podía hacer las cosas mejores. Sin embargo, no, este tipo de pensamiento pesa, y pesa mucho, es como tener una piedra grande encima. Ahora ya salí de ese tipo de pensamientos y sé que soy inteligente, que soy suficiente y que soy exitosa en lo que hago. Me tomó muchas terapias, y tropiezos de la vida para darme cuenta de que no tengo que ser perfecta.

Querida lectora, no pares, tus límites los pones tú. Hay personas que se limitan y creen que no pueden lograrlo. Yo creo que es posible, yo soy una persona que me gusta lo extraordinario. Haber ido a la escuela Patchogue fue lo mejor que me pasó, porque ahí aprendí mucho de mi profesora Acevedo, una señora muy estricta. Hoy siento que tengo un deber con esos niños que vienen de otros países a empezar desde cero en este país maravilloso que se llama Estados Unidos. Una de mis ciudades favoritas es Nueva York, llena de luces, de movimiento, de gente, cuando voy siento que puedo ser capaz de todo, que puedo soñar infinitamente.

Nadie entenderá lo que viví, el sacrificio que he tenido que hacer para llegar hasta donde estoy; solo poniéndonos en los zapatos de otros sabremos lo que han vivido, sufrido, cuando es el caso. Yo aprendí mucho de mi abuelito y luego me pasaron muchos eventos que me hicieron mejor persona y empresaria. Todavía estoy en la mitad de mis metas y no ha sido fácil, entre más años tengo, más comprendo todo lo que mi mamá me decía sobre la vida; pero al mismo tiempo, son cosas para yo crecer como persona.

El día de hoy soy contadora, CEO de mi propia firma de contadores; madre, esposa, y dueña de un *real estate*. Empecé mi firma hace 10 años desde cero. Mi idea era comenzar de esa manera porque algún día quería contar mi historia en un libro, que emprendí mi negocio con una computadora y un escritorio de 100 dólares. En el 2022 remodelé mi oficina en mi propio edificio, con un diseño profesional de un *interior designer*/arquitecto con un *budget* muy cómodo. No te lo cuento con arrogancia, sino con humildad, porque de un escritorio de $100 a mi propio edificio es algo que a mí todavía me cuesta creer. Tengo una firma de contabilidad muy exitosa donde ayudamos a nuestros clientes a crecer en sus negocios.

Llegamos al final de esta parte de mi vida, pero todavía tengo muchas metas, muchos sueños por cumplir. Nunca dejes que alguien te diga que no puedes; si sueñas, sueña, eso no cuesta nada. Sueña, cierra los ojos, toma fuerzas y sigue adelante. Por alguna razón soy capricornio, o sea, una cabra, y la cabra sube, sube, sube las montañas, ¿por qué razón? Simplemente porque busca comida o porque le gusta la cima, le gusta caminar alto, ver las cosas desde arriba, esa soy yo. Sí se puede, ¿por qué no? Si Dios me da vida, mi historia no termina aquí. Estoy aprendiendo a creer en mí; muchas veces, en el pasado, encontré a otras personas que creían más en mí que yo misma, pero ahora, en este presente, yo creo en mí. Yo sí puedo, yo lo haré, yo lo lograré. Me despido con: «Este es solo el principio de mi historia».

Siempre llevo en mi corazón a esa niña de 12 años que cambió su vida para siempre y hago todo por ella. Esa niña de Gualaceo, Ecuador, y que hoy vive en Long Island, Nueva York; esa niña que luchó duro para cumplir sus sueños, pero que lo está logrando y yo sé que tú también lo lograrás.

# BIOGRAFÍA

Sandra Orellana es una exitosa contadora en Long Island, NY, con más de 16 años de experiencia en las áreas de Contabilidad e Income Taxes para pequeños negocios. Sandra emigró a Estados Unidos a los 12 años, desde Ecuador, al pueblo de Patchogue, NY, Estados Unidos. Continuó sus estudios en Patchogue Medford District y se graduó de contadora en el 2008 de la Universidad Dowling College. Ella fundó su propia firma de contadores en el 2012: S.O. Accounting & Consulting LLC. Sandra es madre de tres niños, esposa y vive en el estado de NY con su familia. Junto con su esposo, también son inversionistas de *real estate*.

Redes sociales

https://www.facebook.com/soaccountants

www.soaccountants.com

# ¡MÁS INTUICIÓN, MENOS PLANIFICACIÓN!
## POR TERE CARILLO

Aún recuerdo verme llorando en un auto mientras manejaba camino a mis clases de inglés gratis en una iglesia, a dos semanas de haber llegado a Estados Unidos, un país que, por muchísimo tiempo, nunca me llamó la atención a ningún nivel; ahora, con un poco más de conocimiento de las enfermedades mentales, puedo asegurar que en ese momento tuve un ataque de ansiedad, lloraba de tal manera que no podía respirar, recuerdo claramente decir en voz alta: YO NO VOY A PODER CON ESTE PAÍS.

Fui criada de tal manera que no hubo mucho tiempo para pensar, por una madre divorciada, no solo responsable de tres hijos pequeños, sino también de sus padres, los cuales estuvieron con nosotros hasta sus últimos días. A veces, como toda *millennial*, busco qué reprocharle a mi madre (alguien debe ser responsable de nuestros traumas, ¿o no?); pero al final termino sintiéndome la peor hija del mundo. Yo, con todas las herramientas que tengo, no creo poder llegar ni a la mitad de lo que ella logró, mi fuerza, mi temple y mi manera de resolver son completamente genéticos: herencia de mi madre.

No había mucho tiempo para revisar tareas de tres hijos, lavar, planchar, enviar al colegio, asistir a reuniones o actos académicos y, aparte, tener que trabajar para no morirnos todos de hambre; tal vez no estuvo presente en cada diploma que me entregaron, ni se sentó a hacer tareas conmigo, no sé si se debía a que ella lograba ver que no lo necesitaba o si quería hacerme una mujer fuerte e independiente. Sus palabras eran realistas y crudas, tal vez mucho para una niña de 9 años, cuando le reclamé por qué nunca revisaba mis notas ni me felicitaba por estar en el cuadro de honor cada año, su respuesta fue: «TERESA, A TI NO TE GUSTA LIMPIAR... Y AL QUE NO LE GUSTA LIMPIAR, LE TIENE QUE GUSTAR ESTUDIAR». Así fue mi educación, sin ningún plan de ir a una gran universidad, solo sacar buenas notas por el simple hecho de disfrutar hacerlo.

Siempre fui diferente, siempre... Por muchos años tuve que luchar contra ese sentimiento de no pertenecer a algún grupo, siempre fui gorda en un país de Miss Universo, así que pueden imaginarse la cantidad de burlas y críticas de las que fui víctima, un grupo me criticaba por mi falta de voluntad y otros sentían lástima, tal vez, por mi mala genética; en conclusión, mi sobrepeso siempre fue visto como una mala jugada del destino, porque, imagínense, a una cara bella e inteligente Dios no la podía bendecir también con buen cuerpo (esta fue siempre mi excusa, jamás iba a permitir lástima ni humillaciones, eso siempre estuvo y estará sembrado en mí).

Sabiendo ya la historia de mi madre divorciada, entenderán que no podía soñar con buenas universidades ni mudanzas a otro estado, eso no estaba en el presupuesto familiar; por más que lo hubiese querido, en Venezuela no existen ese tipo de paquetes todo incluido: universidad, comida y vivienda. Estudié en universidades locales en la isla de Margarita, mientras trabajaba para pagar mi educación, por cierto, muy buena y con un nivel académico de los profesores inmejorable, pero yo quería estudiar Medicina y, bueno, no me planifiqué para ello.

«Estudia Educación», me decían, «que siempre se necesita un maestro, trabajan de lunes a viernes y tienen muchas vacaciones pagadas». Si se preguntan si me gustaba, la respuesta es no. Pero era tan fácil para mí que, si soy sincera, jamás estudié, solo debía prestarles atención a los profesores y con eso respondía, con mis palabras, exámenes que mis compañeros debían estudiar por días, yo podía parafrasear de la manera más fácil, me gradué con honores, algo que no celebré porque realmente sentí que no lo merecía y creo que en ese punto ya era víctima del síndrome del impostor que tanto me acompaña... Soy excelente festejando los triunfos de los demás, pero los propios tienden a ser insuficientes para mí, siempre me exijo más, esforzarme para mí es obligatorio, hasta cuando estoy de viaje no puedo despegarme 100 % de mi negocio o de mi familia.

Como dije anteriormente, siempre quise en mi adolescencia pertenecer a algo, alrededor de los 19 años, ya tenía muy en claro qué no quería ser. En ese momento descubrí, al ver a un buen grupo de mis compañeras de clase salir embarazadas, que no me veía (ni me veo) con un hijo y que no iba jamás a depender de un hombre, así que seguí estudiando y trabajando para mantenerme, al graduarme emprendí con una guardería que tuvo éxito hasta que tomamos la decisión de migrar.

«Mamá, yo no sé hablar inglés, yo no sé manejar, ¿en qué voy a trabajar? Tres títulos universitarios y ¿voy a ir a limpiar a Estados Unidos?», le decía yo a mi madre. Y sí, ese llanto con el que empezó la historia tiene mucho que ver con eso, llegar a un país que pensabas que no te gustaba, con un frío al que no estabas acostumbrada, con solo dos meses de haber aprendido a manejar en Venezuela, gracias a mi hermano menor, solo con la premura de aprender para venirme, trabajando de *busser* en un restaurante mexicano, en donde creo que el molcajete era el plato más vendido (solo quien ha trabajado recogiendo platos sabe el peso de un molcajete). Tuve que realizar trabajos que no me gustaban, pero eso me ayudó a ver otras habilidades que nunca había explorado, practiqué el agradecimiento y me di cuenta de lo poco que necesitamos para ser felices.

Existen momentos que te marcan para siempre, recuerdo ver en Facebook la invitación a un curso en español en la Universidad de Texas, y no pueden imaginarse lo emocionada y feliz que estaba de haber sido aceptada, estaba en una universidad de Estados Unidos, no importaba que fuera solo un curso. Yo estaba ahí y me sentía feliz y dichosa cada noche de clases, ya con papeles pude obtener mejores empleos, más mentales y menos físicos, pero siempre con un jefe dirigiendo. Con todas las cosas buenas y malas que eso conlleva, responsabilidades limitadas, pero dirección permanente. En ese curso conocí a mujeres latinas que eran profesionales y no venían con becas desde Venezuela ni provenían de familias adineradas. No, en ese curso vi mujeres solteras con hijos, indocumentadas, que tienen compañías exitosas, simplemente no lo podía creer. En ese instante nació TERE CARRILLO.

«¿Qué puedes hacer, Teresa, que disfrutes, pero sobre todo, qué te gustaría hacer, que si no recibieras remuneración igual lo harías?», me preguntaba a mí misma. Después de mucho pensar, decidí irme por mi pasión: la terapia física, una decisión que cambiaría mi vida por completo, todavía casi entrando al año 2023 no existe escuela de masajes en español en Austin, Texas, tuve que conducir por un año entero a Houston todos los fines de semana para lograr esta nueva meta; lluvia, oscuridad, trabajo, pareja, nada fue más importante ni influyente que esa meta que me había propuesto, fui la primera de mi clase en presentar el examen del estado y pasarlo en la primera oportunidad.

Recién graduada y sin experiencia de negocios y sin saber cómo buscar empleo en Estados Unidos, no sabía qué iba a hacer, pero estaba segura de que no quería trabajar para nadie, estaba agotada de eso y sabía que quería trabajar para mí, y de pronto, Dios empezó a poner a las personas correctas en mi camino, personas que me dieron las oportunidades desde una carpa donde di mi primer masaje profesional, hasta los dos locales con los que cuenta TERE CARRILLO TERAPEUTA LLC, que más que un nombre, se convirtió en sinónimo de ALIVIO, terapias y terapeutas profesionales que son parte del equipo. En este preciso momento, somos ocho terapeutas trabajando día a día en cabina, más cuatro personas trabajando remotamente, juntos formamos el equipo de TERE CARRILLO TERAPEUTA LLC y apenas ahora que lo escribo me doy cuenta de que definitivamente somos lo que nos preparamos para ser. ¿Recuerdan que les dije que estudié Educación, pero que era algo que realmente no era mi sueño? O al menos era lo que yo creía. Ahora me encuentro instruyendo a mis terapeutas en mi técnica y me salen las estrategias de manera relajada, y entiendo que estoy usando todas esas herramientas didácticas que en algún momento estudié, aprendí y pensé que jamás usaría.

Que no los confunda el título de mi historia, cuando hablo de menos planificación, no hablo de hacer lo que quieras sin dirección o que no te prepares para estar lista cuando lleguen las oportunidades, nada más lejos de eso. Solo hablo de tener un poco más de intuición, de ir más allá y de descubrir esa voz interna que te dice SÍ o NO, no es fácil silenciar tanto ruido interno de lo que debería ser y no es, o de lo que los demás esperan que tú hagas o no; vivir a tu manera siempre tendrá un precio, muchas veces es la temida soledad, que viene acompañada de madurez, donde descubres que no porque el payaso se ría contigo es tu amigo.

No espero ser musa ni ejemplo para nadie, solo contarte una pequeña parte de mi historia, que me ha llevado a ser la mujer que soy hoy en día y con la que trabajo en estar orgullosa cada día, ya que nada me fue regalado, que lo que soy ha sido trabajo y más trabajo, que ya no le tengo miedo a recoger platos porque ya sé exactamente qué hacer para lograr terminar haciendo lo que yo quiero hacer y no lo que las circunstancias dispongan en ese momento. No esperes tener un plan estructurado metódicamente; lánzate, no te quedes quieta, prueba, aventúrate, ríe, ama, pero, sobre todo, el mejor consejo es que te rodees de personas que te inspiren, que estén trabajando por lograr sus sueños, que hayan conseguido el éxito, sea cual sea «su definición», y, principalmente, trabaja en ti, en convertirte también en ese tipo de persona, «los leones solo caminan con leones», sin embargo en tu proceso jamás permitas ninguna humillación y aléjate de quien usa ese viejo sistema de protección contigo o con cualquier ser vivo del mundo.

La gratitud se demuestra retribuyendo a tu familia, tu comunidad, tu círculo. Si has sido bendecida de alguna manera, devuelve esas bendiciones ayudando y retribuyendo eso. Existen muchas maneras de ayudar, desde apoyar la educación de algún familiar, cuidar de los animales o cualquier proyecto que te apasione, dedica económicamente para su desarrollo y también tu tiempo, eso, definitivamente, no solo es devolución de bendiciones, también activas todo tipo de energías positivas en todo tu entorno.

Las personas que están en tu vida deben ir a tu mismo ritmo, mejorar y crecer a tu par. Doy gracias a Dios por tantas personas maravillosas que tengo a mi alrededor. Mi madre, el motor de nuestra familia; mis hermanos, que son mi vida; mis sobrinos, Manuel, Mathias, Antonella, Miranda y Eva Marie, quienes son mi alegría y en los mejores momentos siempre están ellos presentes; mi *team*: Eymar, Virna, Nelskaryn, Mayerling y Nicole, gracias por creer en mi proyecto y por esforzarse y trabajar en el suyo. A tantos emprendedores de la ciudad de Austin que han sido apoyo constante; y gracias a mi esposo, amigo y confidente, señor Verdín, por ese apoyo e impulso para cumplir mis sueños, por tus preocupaciones, tu comida caliente al llegar de la escuela, creíste en mí en momentos que tal vez yo dudaba, tu paz ha sido el antes y el después de mi vida. Gracias a todos los que forman parte de mi historia de vida.

Soy una mezcla de mis aprendizajes y triunfos, de mis días arcoíris y grises, de todas mis lecturas, de los que me quieren y de los que no, de todos los aeropuertos y sus largas esperas, de las margaritas con Tajín o con azúcar, dependiendo del estado de ánimo, de los ríos en los que me he bañado y de las playas que he disfrutado. Soy de lo que pasó y lo que no, de lo que pensé que era un mal momento y terminó siendo una gran escuela. Soy la amiga, la esposa, la maestra, la soñadora y la solitaria.

¡Gracias, gracias, gracias!

MUJERES QUE SE ATREVEN Y SUPERAN LÍMITES

# BIOGRAFÍA

Cuando piensan en una mujer venezolana, inmediatamente nos asocian con belleza, petróleo y Mar Caribe... y sí, es que así somos los venezolanos, producto del mestizaje. Tere Carrillo no es la excepción, con sus raíces en una familia de negros y blancos, criada a la orilla del mar, con una pasión imparable por la lectura y el conocimiento. Creció en la guaira (principal puerto de entrada en Venezuela), siendo la hermana mayor entre tres hermanos inmediatos, con una madre divorciada y unos abuelos siempre presentes. Durante su adolescencia, la familia se trasladó a la hermosa isla de Margarita, donde completó su formación académica, alcanzando diferentes títulos.

En medio de la crisis política y económica de Venezuela, una vez más, la familia se ve en la necesidad de migrar, pero en esta ocasión, a los Estados Unidos, donde toca comenzar desde cero, y es ahí donde inició su etapa más inmediata, bueno... hace ya unos cuantos años, cargados de incontables cambios, experiencias y el ir y venir de muchas personas, que a veces buenas y a veces no tanto, aunque todas dejando huellas en su vida.

Teresa Carrillo, licenciada en Enfermería, profesora de Educación Integral con posgrado en Dificultad del Aprendizaje, con licencia de Terapeuta de Masaje del estado de Texas e instructora certificada, asistente de cirugía y especialista en procesos médicos posoperatorios, CEO de Tere Carrillo, en donde desarrolla personalmente toda la instrucción de sus futuras terapeutas, voluntaria de varias organizaciones sin fines lucro, que apoyan el desarrollo de la mujeres hispanas y promotora de una mejor alimentación para niños de escasos recursos, gracias a la Fundación EVA, en su país natal.

Con una visión estrechamente relacionada con la educación y calidad de servicio, se ha propuesto determinadamente a estudiar y nutrirse de conocimientos, que es el reflejo de su éxito, todo ello acompañado, por supuesto, por el esfuerzo del equipo que la acompaña; en su desarrollo como instructora, se encarga de pulir todos los detalles para que sus alumnas estén listas, de manera que sus emprendimientos sean también historias de éxito. Coautora del *best seller Recetas con sentido* y colaboradora de diferentes magazines y pódcast tanto en EU como en Venezuela, en donde se encuentra desarrollando un programa educativo de la mano de varias alcaldías, donde instruirá en talleres cortos de formación, para que madres solteras tengan una profesión sustentable y, con ello, puedan alcanzar independencia económica, pues como fiel creyente del empoderamiento femenino, apuesta al desarrollo de la mujer como pilar de la comunidad; una mujer capacitada, fuerte mental, espiritual y físicamente saludable es una mujer capaz de cambiar la historia y el destino, no solo de su familia, sino de una comunidad entera.

Redes sociales

WhatsApp: (512)679.6589

Correo: teresacarrillorejon@hotmail.com

Página web: www.terecarrillotherapist.com

@terecarrilloterapeuta

Tere Carrillo Terapeuta

@terecarrilloterapeuta

# LA MÚSICA ES VIDA
## POR TINA ENRÍQUEZ

Soy la segunda hija de diez hermanos, siete mujeres y tres hombres del matrimonio de J. Ascensión Olvera y Ma. Guadalupe Enríquez. Yo nací y crecí en el pueblo de Santa Rosa Jáuregui, Querétaro, en México, un lugar muy famoso por sus restaurantes de carnitas. Desde niña recibí dos grandes ejemplos de vida de mis padres. Mi papá Chonito, ese era su apodo, tenía una admiradora, y esa era yo; el trabajo de mi papá era manejar una empresa de renta de maquinaria pesada, como decimos algunos mexicanos, de cabo a rabo; para mí eso era impresionante porque regularmente en el pueblo había pocas posibilidades de trabajo.

En algunas ocasiones, por las noches, tocaban a la puerta para pedir de favor que los llevaran al hospital, porque algún vecino estaba muy enfermo, para ese tiempo solo había dos carros en el pueblo y el hospital estaba en la ciudad de Querétaro, a 20 kilómetros. Mi papá era el que ayudaba a llevar a los enfermos cuando lo necesitaban.

Mi mamá Lupita llegó al pueblo de Santa Rosa Jáuregui ya casada con mi papá, ella era de las pocas mujeres que sabían leer, escribir y un poco de matemáticas. Por las noches, mi mamá enseñaba a algunos jóvenes que estaban interesados en aprender a leer y escribir. Unos años más tarde, empezó una escuela para adultos, era por la noche y se llamaba La Nocturna. Al mismo tiempo, mi mamá ayudaba y daba de comer a quien lo necesitara, yo realmente no comprendía cómo mi mamá, con poco dinero, nos daba de comer a nosotros, que somos una familia de diez hijos, y aparte daba a otras familias o personas vendedoras que iban al pueblo. Mamá Lupita les ofrecía de comer, una gran enseñanza de vida para mí.

Transcurrieron los años y yo empecé a creer en mí, me sentía segura de lo que yo quería ser; soñaba con cantar en grandes escenarios y nunca perdía mi fe de lograrlo. Fui el brazo derecho de mi mamá Lupita, ayudaba en las labores de la casa y cuidaba de mis hermanos, esto era todos los días cuando llegaba de la escuela, sin duda, lo que más disfrutaba era ayudar.

 Cuando lavaba los trastes en casa, ahí cerca había un patio y fue mi gran escenario; ese espacio de mi casa donde estaba exactamente el lavadero de mi mamá Lupita, ese lugar me vio nacer como cantante. Recuerdo desde muy pequeña que yo podía cantar y lavar trastes; yo cantaba a todo lo que daba mi voz, algunos vecinos que iban pasando por la calle se quedaban a escucharme cantar. Recuerdo que teníamos una radio y yo cantaba todas las canciones que ahí salían y también cantaba a capela. Las primeras canciones que aprendí fueron *La ley del monte* y *Me caí de la nube*.

En ese tiempo, cantar me hacía sentir libre, me hacía sentir una niña importante, aunque yo nunca platicaba a nadie cuál era mi sueño por temor a que se burlaran de mí.

Recuerdo con mucho cariño a una vecina, doña Petra, cuando ella me escuchaba y yo me encontraba cantando, en ese momento, ella empezaba a barrer su patio o lavar sus trastes; en algunas ocasiones me gritaba: «Tinaa... *La ley del monte*», y por supuesto que yo con mucho gusto le cantaba la canción.

Por las noches, mi mamá Lupita, como yo siempre le decía, nos daba permiso a mis hermanitos y a mí de salir a jugar a la calle con los vecinitos. Mi casa tenía las puertas abiertas a la calle, mi abuelita Pachita vendía semillas y cuando los vecinos venían a comprarlas se quedaban a jugar o ver la televisión. Mi casa era como un cine, era el lugar de reunión, los niños y las mamás viendo la televisión porque pocas familias tenían una. En esa época, mi mamá enseñaba a leer y a escribir a algunos jóvenes, como ya dije.

Yo viví una infancia increíble, me siento afortunada y bendecida por ello. Años más tarde, llegó a mi pueblo un joven sacerdote católico y empezó a buscar jóvenes para formar un coro en la iglesia católica de Santa Rosa de Lima. Mis primos ingresaron al coro y empezaron a tocar la guitarra, un tiempo después me invitaron a mí; yo aún muy chica de edad, a los 13 años (con ayuda de mis primos José Manuel, Juan Carlos y Rosa María) empecé a tocar la guitarra y aprender los cantos de la iglesia; cuando ya estaba lista, empecé a enseñar a los feligreses católicos los cantos.

Poco a poco, el coro de la iglesia se fue haciendo famoso, nos llamaban para cantar en otras parroquias fuera del pueblo y las cosas se fueron dando para la música, más tarde, el coro empezó a prepararse para formar la primera rondalla del pueblo de Santa Rosa Jáuregui.

Para este tiempo yo iba en el camino correcto de la música. Por otro lado, yo en la secundaria, también, ya trabajaba con mis compañeros y maestro de música para formar la estudiantina de la secundaria, hasta este momento yo solo cantaba en rondallas o grupo, aún no cantaba sola.

Un día que estábamos en el ensayo de la clase de Música, llegó el maestro de Ciencias Sociales y me escuchó cantar, le pidió permiso al maestro de Música si me dejaba ir a su clase a cantar dos canciones. El maestro me presentó con su grupo y les dijo: «Miren, esta mujercita les va a cantar dos canciones y se las traigo para que vean y escuchen que ella sabe lo que quiere hacer con su vida».

Definitivamente, este maestro me cambió la vida. Esta fue la primera vez que iba a cantar y tocar la guitarra yo sola. Mi público eran 30 estudiantes, ¡guau!, este día nunca lo olvidaré, siempre está en mi mente y en mi corazón; ese día me sentí como una verdadera cantante.

De ahí en adelante, el maestro me fue presentando con cada grupo de la secundaria, presentándome como ejemplo a seguir. Gracias, maestro.

Fueron pasando los años y, por varios motivos de mi vida, me fui alejando de la música. Solo me juntaba con algunos amigos para dar las *Mañanitas* el Día de la Madre, uno de ellos tocaba el requinto y yo la guitarra y cantábamos boleros como *Reloj*, *Rayito de luna*, *Corazón de roca*, canciones muy famosas en México.

Terminé de estudiar y muy pronto me casé y nació mi hija Sheridel Yahel. En esa nueva etapa de mamá, no había oportunidad para la música, no volví a cantar ni tocar la guitarra por dos años. Recibí una invitación para entrar a un grupo de música versátil, fui a los ensayos y, para mi sorpresa, en mi primera presentación con el grupo en el centro de la ciudad de Querétaro fue mi debut y despedida, porque ahí ya hubo problemas matrimoniales.

Aquí mis sueños de cantante se esfumaron de mi vida, yo sabía que no iba a haber otra oportunidad. Cuando mi hija Sheridel estaba por cumplir sus 6 años, nació mi segunda hija, Amairani Michel, quien llegó a iluminar nuestras vidas en medio de muchos problemas en mi matrimonio; viví años difíciles, trabajando todos los días sin descanso. Trabajando en oficina y por las tardes vendiendo zapatos para sacar adelante a mis hijas, años después, tomamos la decisión de venir aquí a Estados Unidos y, de igual manera, no fue fácil, trabajar 40 horas y un medio tiempo, y meses después me divorcié. Con el tiempo volví a casarme y aquí fue donde empecé a cantar en restaurantes, bares, en *open mic*, que es cantar y tocar algún instrumento, puedes cantar tus canciones o puedes cantar *covers* también en karaokes.

Todos cantaban en inglés y yo cantando boleros en español y algunas canciones de Selena. En el área de Austin, Port Aransas, Corpus Christi, Uvalde, Corsicana, en Texas. Esta fue la manera de empezar a retomar la música y después comencé a ir a los karaokes mexicanos, ahí sí podía cantar todo lo que yo quería. Aquí fue cuando empecé a hacer mi repertorio de canciones para empezar a prepararme y cantar en fiestas, bares o restaurantes.

Poco a poco inicié a cantar y dándome a conocer, pero dentro de mí no era suficiente, yo quería avanzar más en la música y grabar un CD. No dejé que este sueño se apagara, yo sabía que lo iba a lograr. Empecé a escribir mis canciones y nació esta canción.

### YA QUIERO QUE TE VAYAS

*Ya quiero que te vayas*

*Tu cariño no hace falta*

*De mi vida te di todo*

*Tú a cambio no me diste nada...*

Y así seguí escribiendo con el propósito de completar las canciones del CD, al mismo tiempo, lo que yo estaba viviendo no era fácil; ya con muchos problemas en este matrimonio. No me detuve y seguí con mi música.

Estos problemas fueron el trampolín para no detener el tiempo para mi música por nadie. «De ahora en adelante, voy a ser yo, auténtica; no voy a seguir en un matrimonio donde no me valoran». Finalmente, salí de ahí y volví a nacer.

Desde entonces, ser soltera es una forma de vida muy diferente a lo que yo había vivido en dos matrimonios.

Hago lo que yo quiero. Voy a donde yo quiero. Puedo escribir canciones a cualquier hora, de día o de noche. Puedo tocar la guitarra, también a cualquier hora, de noche, y no tengo que rendirle cuentas de nada a nadie. Mi vida dio un giro al 100 %.

Puedo ser yo misma, sin dudas y con gran entusiasmo. Seguí hasta completar orgullosamente este CD que se llama:

**Con sabor a cumbia**

1. *Amorcito corazón*     Cover

2. *Piel canela*     Cover

3. *Sabor a mí*     Cover

4. *A mi manera*     Cover

5. *Quiero que te vayas*     Tina Enríquez

6. *Qué pensabas*     Tina Enríquez

7. *Oye*     Tina Enríquez

Estoy muy feliz de lograr este CD, ahora ya estoy trabajando en el segundo, las canciones muy pronto estarán listas para su grabación.

La música es una especie de magia que llega a la mente, cuerpo, cerebro y corazón.

La música alimenta el alma, fortalece mi espíritu, toca todos los sentidos y, en conjunto, hace vibrar tu cuerpo. La música da alegría, inspiración y relajación; es ternura, amor, pasión y emoción. La música es ritmo, es arte; crea sonidos, emociones y notas para llegar a ser melodía. La música crea felicidad, te traslada a un ambiente positivo que deseas para moverte a su ritmo. La música es tristeza también, melancolía y romanticismo. No hay un formato para definirla exactamente, para mí, la música cambió mi vida y yo la defino como:

### LA MÚSICA ES VIDA

Cantar es una de las grandes bendiciones que Dios y la vida me han regalado.

**Yo soy música**

Ahora comparto mi vida con mis grandes amores, mis dos nietas, las guapas Camila Yahel y Mariana Sheridel, y mis dos hermosas hijas, Amairani Michel y Sheridel Yahel. Con mucho amor para mi mamá Lupita y todas mis hermanas y hermanos. Los amo.

# BIOGRAFÍA

Tina Enriquez es una solista, interpretando una variedad de canciones románticas rancheras, canciones de su propio disco compacto **Con sabor a cumbia** y otras cumbias mexicanas.

Tina empezó a cantar y tocar la guitarra a una temprana edad y participó en rondallas en la secundaria y la iglesia.

Antes de lanzar su carrera de cantante solista, Tina cantaba en lugares de karaoke y *open mics* en Austin, Tx; Port Arkansas y Corpus Christi.

A Tina la han invitado al escenario a cantar con otras bandas como la Sonora Dinamita de Carlitos Xivir en sus presentaciones.

En su corta carrera artística, Tina ha cantado en el área de Austin en distintos lugares, como restaurantes bares Jamaicas, así como en algunas iglesias y eventos a beneficio y familiares.

En abril del 2019, Tina participó en un evento para beneficio del Huracán Harvey en Arkansas Pass, Tx, que incluyó bandas musicales del área de Corpus Christi.

Tina lanzó su primer CD **Con sabor a cumbia** en agosto del 2018. El disco contiene cuatro canciones clásicas de México y tres de su propia inspiración, todas al estilo de cumbia, su primer video musical, *Quiero que te vayas*, se encuentra en su canal de YouTube: Tina Enriquez Music Texas, ahí puedes encontrar otros videos de su música y presentaciones.

***Con sabor a cumbia*** se encuentra en venta en Waterloo Record, esquina de Lamar y Calle 5, en Austin, Tx, y está disponible en 150 plataformas digitales, como iTunes, Google Play, Amazon, Spotify, YouTube y muchas más.

Redes sociales

Cel: 512 844 8166

Email :tinaenriquezcumbia@gmail.com

Tina Enriquez Music Texas

(Página)Tina Enriquez Music Texas

Tina Enriquez Music Texas

Tina Enriquez

# ENTRE LA NOCHE Y EL DÍA: EL AMOR
## POR YELENA RODRÍGUEZ TRUJILLO

Recuerdo las notas de esa hermosa canción que resonaba en mis oídos durante mi infancia: «Volver a empezar, volver a intentar, volver a empezar...». Hasta hace algunos años, supe por qué estas simples pero poderosas palabras constantemente hacían eco en mis oídos.

Hoy, a poco más de medio siglo de existencia, me desempeño como contadora pública en la rama de Auditoría Interna Corporativa. Me dedico a lo que realmente me encanta: la planeación estratégica, la cual me obliga a mantenerme continuamente reinventando nuevas formas de vida. Tengo dos hijos, que son mi mayor alegría y orgullo; así como mi pareja, quien, con su presencia, me acompaña en la construcción diaria de la mejor versión de mí (de esa yo que canta, que hace sonar las cuerdas de una guitarra para compartir emociones, que lee, que escribe, que comparte con la familia y amigos) y que, sobre todo, me deja ser esa yo, con esencia de alma noble, bondadosa, joven y aventura.

Provengo de una familia numerosa, en donde, a pesar de las diversas circunstancias que enmarcaron nuestra niñez, el amor siempre estuvo presente. Recuerdo cómo, a pesar de las limitaciones, mi padre y mi madre siempre se esforzaban en darnos lo mejor de sí; cómo olvidar que cada verano hacían lo imposible para llevarnos unos días al campo a vacacionar y, por supuesto, también a visitar a la familia. Esas vacaciones son, sin lugar a dudas, algunos de los mejores recuerdos de una infancia muy feliz.

Durante mi etapa escolar, recuerdo que era una chica muy tranquila. Al ser hija de docentes, se exigía de mí un comportamiento ejemplar. Era muy querida por mis compañeros y profesores, y trataba con humildad, amabilidad, respeto y nobleza a todos a mi alrededor. Lo mismo ocurría con los chicos del vecindario, eran muy pocos con quienes podía compartir, por ese temor natural que tienen los padres de sobreproteger a sus hijos. En nuestro caso, se trataba de cuatro damitas, cuidadosas, meticulosas y estrictamente bien criadas.

Nuestra familia no era perfecta ni tampoco distó de vivir situaciones que, en ocasiones, empañaron la felicidad. Fuimos impactados, por muchos años, por el fatal flagelo del alcohol y los estragos que ocasiona tanto al que lo consume, como el daño físico, mental y emocional que imprime en todos los miembros de la familia, generando grandes heridas, miedo y dolor.

Los hechos producidos por el abuso del alcohol, y los recuerdos que aun en ocasiones llegan a mi mente, por mucho tiempo, me hirieron e hicieron pensar que yo era un ser carente de valor. Esto me llevó a desarrollar un comportamiento que cada vez se hacía más evidente, que surgía de mi urgencia de complacer a los demás y buscar, a través de ello, suplir mis carencias y esconder las heridas que llevaba en el alma.

Al recordar estos aspectos que marcaron a mi familia, puedo confirmar que nos acostumbramos en casa a recrear la escena de «aquí no pasa nada». Una vez transcurridos los momentos estresantes, producto del abuso del alcohol de nuestro ser amado, todos debíamos pretender que nada había pasado. Aprendí a quedarme callada para evitar avivar más el fuego, generar tensión, y eludir así los problemas, discusiones, agresiones y ofensas. Esto se convirtió en mi mecanismo de defensa personal para sentirme segura y protegida. Invisible en el silencio, convirtiéndome en un fantasma para proteger mis emociones.

Todo ello me llevó a pensar que era más seguro estar siempre en un segundo plano, en la oscuridad. Como consecuencia, dejaba mis deseos, anhelos e ilusiones reducidos a sueños; pues esto era «lo normal». Me tomó muchos años entender que, en mi silencio, yo misma estaba saboteando mi autoestima, mi valía y mi humanidad. A pesar de decirme: «estoy bien», me sentía triste, vacía y en soledad.

Mientras jugué el juego del silencio y me mantuve en mi zona segura, todo estuvo aparentemente bien. Pero un buen día, una situación estremecedora para mí, me hizo darme cuenta del terrible error que había cometido. Por años, les había otorgado a otros el control de mi vida, mis emociones, mi presente y mi futuro.

En ese momento, muchos temores se apoderaron de mí; en especial, el miedo a la soledad. Sin embargo, a pesar de todo, saqué fuerzas de mi interior y empecé a caminar sola. Entendí que la felicidad estaba en mi interior, que era una decisión propia que debía tomar cada día con valentía y con amor propio. Decidí que tenía que devolverme la vida, procurando mi tranquilidad mental y emocional: mi paz.

El proceso no fue nada fácil. Durante el primer año, decisiones difíciles y fuertes vientos arreciaron. Se movieron muchas cosas en mi interior. Sentía que estaba en todo, pero no era parte de nada. Poco a poco fue floreciendo el ser de luz que había en mi interior. Me permití pertenecer a los demás, entendiendo que la felicidad era la elección que yo tomaba cada mañana.

Me fijé metas para cumplir mis sueños: aflorar mis emociones y sentimientos, lograr la libertad económica y la independencia total para dedicarme a escribir y viajar, me decidí a descubrir destinos insospechados que pudieran convertirse en escenarios perfectos para las historias de mis libros.

A partir de esa decisión, he descubierto algunas cosas que me llenan y me siguen permitiendo avanzar en este camino llamado vida. Para lograr alcanzar lo que nos hemos propuesto, es imprescindible darse cuenta dónde estamos y tener claro lo importante que es reconectarnos con el futuro, por lo que es fundamental entender nuestro presente. Entonces, empecé a hacerme algunas preguntas: ¿qué quiero?, ¿dónde estoy?, ¿qué puedo hacer?, ¿qué voy a hacer?

En el proceso de descubrir lo que reflejaba mi espejo interior, me di cuenta de que toda la vida he sido un ser que apoya a otros empíricamente; una persona que impulsa a otros para alcanzar las metas. Esto, en cierta medida, explica por qué tantas personas han pasado por mi vida, ya que he cultivado amigos por doquier. Ahora entiendo que tenía una batalla entre el ego y el alter ego: aquí estaba atrapada mi misión.

Me dediqué entonces a explorar si había algún espacio en mi vida actual en donde me sintiera insatisfecha e incompleta. Inicié conscientemente a potenciar mi inteligencia emocional, en función de comprenderme a mí misma. Esto me llevó, también, a dimensionar mi responsabilidad de crear y generar situaciones que me llevasen a resultados diferentes; por lo que exploré alternativas de potenciadores personales que me llevaran, a paso seguro, a lograr un mejor entendimiento propio, de mi energía y esencia.

Mentalmente, repasaba los propios estados de ánimo, iba gestionando mecanismos para autorregularme, reforzando mi consciente con pensamientos emprendedores y positivos. Un poco más conscientemente, propicié el desarrollo de habilidades sociales que me permitieran interactuar, mejorando la capacidad de comprender y compartir los sentimientos, y también potencialicé mi habilidad de empatizar.

Estos pasos me ayudaron a entender que, como seres humanos, debemos mantenernos en constante crecimiento, siendo más asertivos y expresando pensamientos y sentimientos de forma honesta, directa y correcta. Confieso que esto último, en función de expresar sentimientos, fue lo que más me costó modificar de mi yo del pasado y que aún sigo trabajando en ello.

En mi autodescubrimiento, entendí también que las emociones están para guiarnos y no para dañarnos y, asimismo, que debemos volvernos exploradores de nuestras propias emociones.

Un elemento que me ayudó durante toda esta etapa de transformación fue identificar y reconocer mis valores. Descubrí que mis valores son diversos, pero cuando trabajan en conjunto, son geniales; así pues, decidí explorar a profundidad algunos de ellos: la espiritualidad, la humildad, la honestidad, la integridad, el respeto, la lealtad, el sentido de pertenencia, un propósito con responsabilidad, el liderazgo y la pasión.

El tener claramente establecidos mis valores, y definir por qué esos valores son importantes para mí, me hizo consciente de mi propia identidad, así como de mi papel en el mundo.

Me quedaron claras las causas por las que mi actuar siempre me llevaba a ser caritativa y compasiva, a impulsar el perdón y la reconciliación, a estimular el aprecio, la gratitud y, mayormente, a entender que mi misión es también difundir esperanza, paz y amor. Compartiendo, siendo auténticamente hospitalaria y desprendida, dócil, pero defendiendo siempre un trato justo, con respeto, dignidad e igualdad para todos. Lo primero que hice fue aplicar todas las cosas buenas que daba a otros, poniéndome como prioridad. Se dice que hay que empezar por casa; así pues, empecé por mí.

Tan pronto me enfoqué en brindarme a diario lo que autodenomino caricias terapéuticas, que consisten en ser amable, benevolente y comprensiva conmigo misma, me centré en establecer mis prioridades y en generar compromisos para lograr alcanzar cada día mis metas. Lograr este cambio requirió de mucha disciplina y de recordarme cada día cómo me gustaría estar, sentirme y ser tratada.

Enfocarme en el presente, el aquí y el ahora, me permitió mejorar la calidad de vida, gestionar mejor las emociones, manejar el estrés, resolver conflictos y reducir el estado de ansiedad y miedo que muchas veces, en el pasado, permití que se apoderaran de mí.

Escogí hacer otro cambio en mi vida: conectar con mi propósito, diseñando mi proyecto de vida. ¿Y esto de qué trata? De descubrir lo que queremos, de no seguir viviendo en piloto automático y de develar nuestra razón de ser; así como de descubrir qué nos impulsa y motiva. Una vez que se comprende que encontrar nuestro propósito no depende de nadie más que de uno mismo, se acepta que no podemos darles la responsabilidad a otros de nuestro propósito. Debemos entender, además, que el acto de juzgar, ya sea a uno mismo o a otros, te aleja de tu propósito; es necesario tener muy claro que el enemigo del propósito es el ego. El ego quiere complacer o tener razón. El ego busca perfección y reconocimiento. Por esto es importante interiorizar que el ego nace del miedo y que el propósito nace del amor.

Durante este proceso, debemos ser muy cuidadosos de no dejarnos llevar por las falsas creencias que muchas veces nos limitan e impiden que alcancemos nuestros sueños. Las creencias limitantes dan una falsa percepción de la realidad, frena nuestro crecimiento, genera predisposición y angustia, y tiende a anclarnos a lo negativo. Es muy importante identificar esas creencias que nos limitan, reemplazarlas por creencias «empoderantes».

Recapitulando, mi YO de ayer quedó en el pasado; he de agradecerle que me enseñó a ser valiente, a decir lo que siento y pienso con amabilidad, delicadeza, así como con firmeza y decisión. Me enseñó a mirar a quienes en su momento me dañaron, con misericordia; a entender que ya no tengo que tolerar lo intolerable, a darme valor y comprender que la fuerza proviene de mi interior, por lo que no debo buscar en otros lo que llevo dentro. De mi YO del pasado aprendí a repetirme cada día que merezco ser apoyada, amada y respetada, y que no puedo permitir que nadie apague mi luz interior. Nunca se debe olvidar que, quien tiene luz propia incomoda al que está en oscuridad; por esto, cada día debemos sentirnos orgullosos de lo que somos, y no debemos permitir que nadie apague nuestra luz.

Hoy, cuando me pregunto cuál es el legado que quiero dejar a la humanidad, con total certeza puedo responder que es mi deseo ferviente de impulsar el autodescubrimiento, la autovaloración y el empoderamiento de la mujer; así como el compromiso real de luchar por un lugar digno, la igualdad y el respeto a la mujer, en el mundo y en la familia como pilar de la sociedad.

Tenemos todos los recursos para conseguir lo que deseamos. No importa el paso o la decisión que tomemos. No existen fracasos; solo resultados de los que es posible aprender. *Que la nobleza sea el espejo de mi corazón, y la bondad, el punto más elevado de mi inteligencia.*

«Inspiración, empoderamiento, emprendimiento, tu esencia importa».

MUJERES QUE SE ATREVEN Y SUPERAN LÍMITES

YELENA RODRÍGUEZ TRUJILLO

# BIOGRAFÍA

Yelena Rodríguez Trujillo es escritora, *coach* motivacional, conferencista y estratega empresarial.

Nació en la ciudad de Panamá el 28 de abril de 1970. Estudió la licenciatura en Administración de Empresas y Contabilidad en la Universidad de Panamá. Luego de algunos años, estudió un posgrado en Alta Gerencia y obtuvo MBA en Gerencia Estratégica en la Universidad Interamericana de Panamá. Posteriormente, cursó estudios para obtener su formación en docencia superior.

Poseedora de una amplia, exitosa y reconocida trayectoria profesional, ha fungido como miembro de grupos élite de la contabilidad, así como enlace directo de su país con organismos y entidades internacionales, garantes de la emisión e implementación de normativas: contables, de ONG, calidad, educación continua, así como el establecimiento de códigos y certificaciones de ética y normas de auditoría a nivel mundial, lo que la ha posicionado como una referente femenino en su campo.

Actualmente, funge como presidenta de la Comisión de Ética y Ejercicio Profesional de la AIC. Recientemente, fue nombrada Campeón de País Panamá, para el proyecto IFR4NPO (ONG). Funge, además, como directora de la Red de Investigación en Ciencias Económicas Administrativas y Contables– REDICEAC, Capítulo Panamá.

A nivel profesional, es conferencista y autora de diversos artículos de interés en materias de ética, fraude y corrupción, auditoría interna, aseguramiento de la calidad, planeación estratégica, contabilidad tridimensional, entre otros. Además, es coautora del libro *Origen, evolución y prospectiva de la profesión contable en el continente americano (Volumen 1)*.

Como escritora, se ha destacado por ser autora del libro *Best Seller Soy feliz gracias a mí*, doble premiación por Amazon en la categoría Violencia en la sociedad. Es también coautora del primer libro *Best Seller Mujeres Dreams Boss*.

Ha recibido múltiples reconocimientos, distinciones y galardones, entre los que resaltan: Honrada en 2015 Brystol Who's Who for Outstanding Performance. En 2018 fue nominada para el reconocimiento 50 mujeres más influyentes en Panamá. En el 2021, recibió el reconocimiento Doctor Honoris Causa otorgado por el Claustro Doctoral Iberoamericano, en virtud de su esmerada labor en beneficio de la educación, su liderazgo en el servicio social, los valores y el desarrollo sustentable, a favor de la patria y la humanidad; siendo distinguida en dos ocasiones como madrina de generación.

Por su destacada trayectoria y liderazgo, recibió el Galardón Forjadores de México-Mujer Líder 2022; así como el Premio Iberoamericano en Liderazgo Femenino 2022, otorgado por la Fundación Liderazgo Hoy, A.C. También fue destacada como Mujer Emprendedora por la comunidad MDB.

Recibió la designación Mujer Conexión 2022, por la comunidad Gold Woman Business; así como el reconocimiento a mujeres líderes internacionales Mujer Gold Woman Business

2022. Recientemente, ha sido distinguida como Embajadora Oficial de la Cámara Internacional de Conferencistas.

Redes sociales

yelenarodrigueztrujillo28

Yelena Rodriguez Trujillo

Yely R. Trujillo

@yely2870

# FUNDADORAS DE MUJERES QUE SE ATREVEN Y SUPERAN LÍMITES

**Alba Letycia** es ingeniera industrial, autora y *coach* en cambio de hábitos certificada.

**Deyanira Martínez** es periodista, autora, estratega de comunicación y empresaria.

MUJERES QUE SE ATREVEN Y SUPERAN LÍMITES, «Historias de inspiración que te harán llorar, reír, te empoderan e inspirarán a través de su camino de vida. Mujeres como tú, superando obstáculos, con fracasos, éxitos; caídas, bendiciones y grandes aprendizajes de vida».

En noviembre del 2020 nació la idea de hacer un libro de mujeres exitosas por parte de Deyanira Martínez y posteriormente la iniciativa de Alba Letycia de unir sus dos plataformas para respaldar sus ideas.

Pero fueron más allá, querían saber sus historias, sus fracasos, sus éxitos, el cómo se atrevieron a superar esos límites para ser las mujeres que hoy son.

Buscan mostrar esa esencia única y parte auténtica que cada ser humano tiene para conseguir ser un ejemplo a seguir para miles de mujeres. Logrando publicar su primer volumen con mucho éxito.

Uniendo dos plataformas oficiales, aliándose dos líderes para la guía de este gran proyecto de inspiración, así nace una nueva comunidad de mujeres conectadas por su historia de vida.

Redes sociales.

www.mujeresqueseatrevenysuperanlimites.com

Mujeres que se Atreven y Superan Límites

mujerqueseatreveysuperalimites

Mujeres que se Atreven y Superan Limites

MUJERES QUE SE ATREVEN Y SUPERAN LÍMITES

ALBA LETYCIA

# BIOGRAFÍA

Alba Letycia es ingeniera industrial, autora y *coach* en cambio de hábitos certificada. A lo largo de su vida fue venciendo obstáculos para alcanzar sus sueños. Fundadora de la plataforma Mujeres Emprendedoras y con Espíritu "MEYCE". Dueña y mánager de las plataformas Mujeres Superando Límites, Inspírate, Alba Letycia; El placer de la literatura, Hábitos Saludables, entre otras comunidades virtuales para motivar e inspirar a otros.

Consolidándose como escritora, es la creadora de El Mundo de Zaphirah, haciendo realidad su sueño de publicar cuatro libros y un cuento infantil bilingüe. *El Mundo de Zaphirah* será contado en seis libros llenos de magia y fantasía. Alba Letycia ha logrado ya seis *Best Seller* en el primer día de su lanzamiento en Amazon. En el año 2019 el primer libro de la saga de *El Mundo de Zaphirah* fue parte de Texas Book Festival; prestigiosa feria a nivel nacional, dedicada a conectar autores y lectores, fomentando así la lectura.

Ella obtiene una crítica de su primer libro por la revista americana Kirkus Reviews, como "Una historia prometedora, y prepara el escenario para futuros volúmenes". Alba Letycia ha liderado seminarios virtuales con más de 30 conferencias *online* en un mes con el apoyo del equipo MEYCE por medio de la plataforma Mujeres Emprendedoras y con Espíritu desde el año 2017, plataforma a la que le dedica tiempo voluntario para impulsar, apoyar y hacer sinergia con otras mujeres líderes, mujeres emprendedoras por todo el mundo para crecer juntas y unidas.

Desde el año 2021 trabaja en sociedad con Deyanira Martínez, liderando juntas el proyecto Mujeres que se Atreven y Superan Límites, logrando así publicar ya el volumen I y II de *Mujeres que se Atreven y Superan Límites. Historias de inspiración en tiempos difíciles*. Estos libros que se han puesto en circulación de manera exitosa en eventos en Nueva York, Austin, Texas; República Dominicana, Colombia, México, Londres, Barcelona y Madrid.

Alba Letycia nació en Longview, Texas, pero la mayor parte de su radicó en México, donde se inspiró para el inicio de la historia de El Mundo de Zaphirah. Actualmente vive en Austin, Texas, con su esposo y sus dos hijos.

Best Seller Autora

CEO Alba Letycia Enterprise

Dueña y Fundadora de @Albaletycia

@Inspírate @Mujeressuperandolímites

@Hábitossaludables @Elplacerdelaliteratura

@Mujeresemprendedorasyconespíritu

Redes sociales:

albaletycia.com/

Alba Letycia

Inspírate con Alba Letycia

Inspírate con Alba Letycia

Mujeres Emprendedoras y con Espíritu

Mujeres Superando Límites

Hábitos Saludables

El placer de la literatura

# Biografía

Deyanira Martínez es periodista, autora *best seller*, *speaker* y empresaria. También es directora ejecutiva y fundadora de DeyaMedia Corp, una agencia de contenido y medios, así como productora del segmento digital Conversando con Deya, que se transmite en Nueva York, Stación 12, en España, y en plataformas digitales.

También es autora del libro *El Arte de Atreverse*, donde revela las lecciones aprendidas en su recorrido personal y empresarial en EU. Es coautora de libro inspiracional *Today's Inspired Latina, Quarentana Beyond, Juntas Es Mejor* y *Summarium*.

Martínez es cofundadora de la plataforma y series de libros *Mujeres que se atreven y superan límites*.

Como presentadora y conferencista ha conducido eventos en Google NY, The New York Times y ha realizado conferencias y talleres en Latinoamérica, USA y Europa.

Fue Vicepresidenta de la Asociación Nacional de Periodistas Hispanos en Nueva York, así como también co-chair del Latino Network del periódico The New York Times y mánager de Operaciones en el área de publicidad para dicho medio.

Deyanira recibió un Doctorado Honoris Causa del Claustro Iberoamericano de Universidades en México, además del reconocimiento estatal de liderazgo y emprendimiento del condado de Suffolk en NY; fue nominada embajadora de la Cámara Internacional de Conferencistas Latinoamericanos,

Premio Iberoamericano de Literatura, en México, y el Premio Gold Business Woman, en Madrid.

Martínez tiene una licenciatura en Periodismo de la Universidad Central del Este y una licenciatura en administración de negocios de Queens College, The City University of New York.

Redes sociales

@deyamartinezl

@DEYANIRAMARTINEZ

Deyanira Martinez

www.deyaniramartinez.net/

## SERIE COMPLETA DISPONIBLE EN AMAZON:

Made in the USA
Middletown, DE
08 April 2023